나는 반대한다

표지 디자인 홍동원
본문 도표 일러스트 윤지혜
표지 사진 낙동강과 남강 합류지점 ⓒ 낙동강지키기부산시민운동본부, 2010년.
4대강 토건공사로 낙동강 본류의 탁도가 얼마나 심각한지 보여주고 있다.

나는 반대한다

4대강 토건공사에 대한 진실 보고서

김정욱(서울대학교 환경대학원 교수) 지음

느린걸음

김정욱　2010년 3월, 이명박 정부의 '4대강 공사'에 대한 천주교의 입장을
결정하기 위해 22명의 주교가 참석한 설명회가 열렸다.
정부는 4대강살리기추진본부장, 국토해양부 차관 등 5명을 파견했고
시민사회 측에서는 서울대 환경대학원의 김정욱 교수가 나왔다.
김정욱 교수는 40분 동안 정부 측 주장에 대해 조목조목 반론을 펼쳤다.
공식 발표가 끝날 즈음 그는 떨리는 목소리로 "무참하게 파괴되는 4대강과
고통받는 뭇 생명들을 생각하면 제 가슴 속에서는 피눈물이 흐릅니다.
어떻게 이렇게 생명을 천하게 여길 수 있습니까. 어떻게 이렇게 이 땅에 사는
사람들을 무시할 수 있습니까"라고 마무리 지었다.
40여 년을 환경공학과 환경운동에 헌신해온 김 교수의 눈에서도 눈물이 흘렀다.
이날 주교회의는 22명 전원 만장일치로 정부의 4대강 공사에 대한
반대 입장을 결정했다. 80년대 민주화 운동 이후 사회적 현안에 대해
발언을 삼가던 천주교 주교회의가 이례적으로
4대강 공사 반대 성명을 발표하게 된 순간이었다.
김정욱 교수는 1972년 한국에서 환경 전문가가 거의 없는 상황에서
미국 유학길에 올라 환경공학을 공부한 이후 1982년부터 지금까지
서울대학교 환경대학원 교수로 있으면서 학문 연구에 매진해왔다.
그는 7, 80년대 산업화 시대 울산, 온산공단의 공해문제부터 최근
새만금 간척사업, 4대강 공사에 이르기까지 무분별한 개발로 고통받는
힘없고 약한 사람들의 목소리를 대변해온 한국의 대표적인 환경학자이다.
현재 '운하반대전국교수모임'의 공동대표를 맡고 있으며
2011년 정년퇴임 한다.

1946년 부산출생
1968년 서울대학교 공과대학 토목공학과 졸업
1974년 미국 로드아일랜드 대학교 환경공학 석사
1977년 미국 텍사스 대학교 환경공학 박사
1977년 ~ 1982년 한국과학기술원 선임연구원
2001년 미국 델라웨어 대학교 풀브라이트 교환교수
2002년 ~ 2003년 서울대학교 환경대학원 원장
1982년 ~ 현재 서울대학교 환경대학원 교수

운하반대전국교수모임 공동대표
환경과 공해 연구회 고문
기독교 환경운동연대 공동대표
자원순환사회연대 공동대표
에너지 나눔과 평화 이사장
물포럼 코리아 이사장
아시아태평양환경회의 명예회장

저서
『위기의 환경』, 푸른미디어, 1992
『자연과학』, 생능(공저), 1994
『새천년 환경위기와 생존대안』, 푸른미디어, 2000
『에너지 혁명 : 21세기 한국의 에너지 환경전략』, 매일경제신문사(공저), 2004
『남북한 환경정책 비교연구』, 서울대출판부(공저), 2008
외 다수의 저서와 논문이 있다.

아름다운 것들은 다 제자리에 있다

수천 수만 년 동안
푸른 실핏줄처럼 한반도를 흐르며
사람과 생명을 살려온 우리의 江

자료 : 김정호, 『대동여지도』, 1861년.

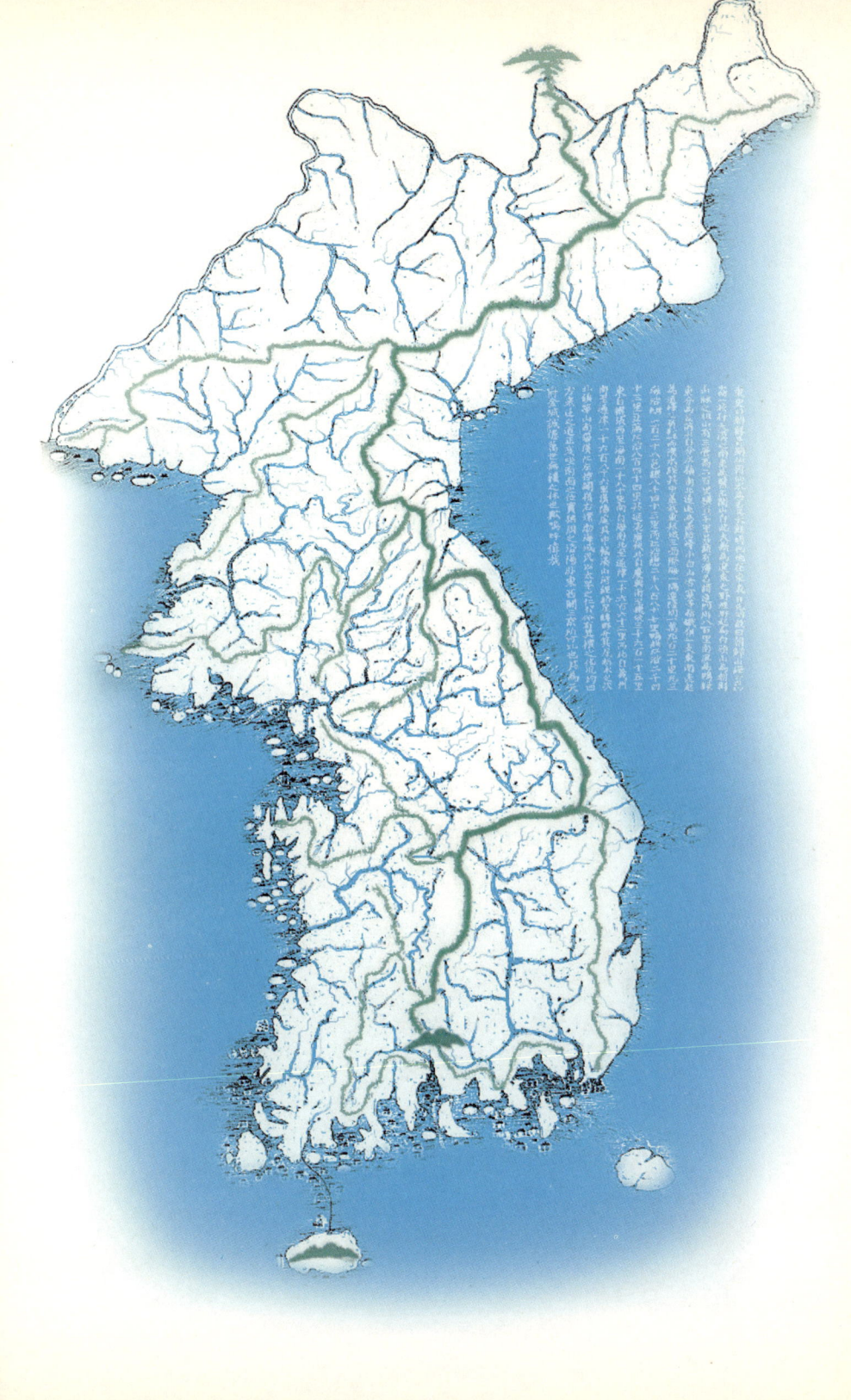

강물은 흘러야 한다

박노해

강의 생명은
댐 속의 많은 물이 아니다
유장히 흐르는 맑은 물이다

푸른 실핏줄들이 모여들어
얕은 여울과 깊은 소沼를 되풀이하며
굽이굽이 흘러 스스로 맑아지는 강

살아있는 강은
인공의 직선이 아니다
자신의 본성으로 굽이치는 것이다

수천 수만 년의 숨결을 품어온
어머니 강은 수많은 생명들의 강
이 무섭도록 아름다운 생명의 질서

강물은 흘러야 한다

살아있는 이 나라 강들을
콘크리트 둑으로 곧게 뻗게 해
체계적으로 살해하지 마라
흐르는 강물에 거대한 댐을 세워
H_2O로 가둬 죽이지 마라
제발 먹는 물에 배 띄우지 마라

재앙이자 축복인 태풍과 홍수로
한번씩은 범람하고 한번쯤은 정리하며
스스로 정화하고 살아 흐르게 하라

살아있는 강을 죽인 자
살아있는 생명을 죽이고
수천 년 마을과 농사를 죽이고
자라나는 미래를 죽이고,
4대강을 검게 죽인 자들을
마침내 역사의 강물에 수장할 것이니

합천보 공사 현장의 '붉은 눈물'
ⓒ낙동강지키기부산시민운동본부, 2010년 6월.

공주 공산성 앞 금강 공사 현장
ⓒ이상엽, 2010년.

머리말

나는 반대한다

'4대강 공사'라는 한국사회의 중요한 문제가 논의되고 추진되는 과정을 보고 있노라면 하나의 사건이 떠오른다. 1996년 일본에서 있었던 일이다. 교사들의 청소년 폭력 대처방안 세미나를 방청하던 한 고등학생이 마지막에 이런 질문을 했다.

"선생님, 왜 사람을 죽이면 안 되는 겁니까?"

순간 교사들 중 제대로 대답을 하는 사람이 아무도 없었다. 이것은 곧바로 일본에서 커다란 사회 이슈가 되었다. 당황한 문부성은 '사람을 죽이면 안 되는 논리적인 이유'를 팸플릿으로 작성 중이라고 언론에 해명을 했다.

이 상황에 대해 일본의 한 지성은 이렇게 말했다.

"사람을 죽여서는 안 되는 논리적인 이유 따위는 아무것도 없다. 사람을 죽여서는 안 되는 이유는 '그래서는 안 되니까 안 된다'라고 하는 것 이외에는 아무것도 없다."

왜 사람을 죽여서는 안 되는가? 왜 약자를 못 살게 굴어서는 안 되는가? 왜 자연을 파괴해서는 안 되는가? 이런 주제를 논리적으로 설득해야 하는 나라는 이미 사람이 살 수 없는 나라다. 인간에게 가장 중요한 것은 논리로 설명할 수 없다. 이런 문제는 논리의 문제가 아니라 직감의 문제이고 도덕의 문제이다.

이명박 정부가 추진하는 4대강 토건공사는 멀쩡한 강을 죽일 뿐만 아니라 자연을 파괴하고 결국에는 사람을 살 수 없게 하는 것이다. 그래서 많은 국민들이 반대의 목소리를 내는 것이다. '왜 강을 파괴하면 안 되는 건가?' 여기에 내가 대답해줄 수 있는 말 또한 '안 되니까 안 된다'이다.

나는 40여 년 연구해온 환경공학의 모든 성과를 검토해보았지만 정부의 4대강 토건공사에는 환경공학적, 수문학적, 생태학적 측면에서 하나의 타당성도 발견할 수 없었다. 타당성이 없을 뿐만 아니라 우리 강산을 회복 불가능하게 망가뜨릴 큰 재앙을 예고하고 있다. 정부의 '4대강 살리기' 주장이 모두 틀리기만 하냐는 물음을 받는다. 우리말에 '일리—理가 있다'는 말이 있듯이 어떤 말이라도 조금은 맞는 구석이 있기 마련인데, 정부의 주장에 설마 장점이 하나도 없겠냐는 것이다. 그런데 긍정적인 마음으로 정부의 논리를 살펴봐도 정말 하나도 없으니 나조차도 난감한 노릇이다.

그러나 강의 파괴보다 더 끔찍한 것은 이 잘못된 토건공사를 정부가 '4대강 살리기'라는 이름으로 포장하여 자연을 살리고 국민을 행복하게 하는 유익한 정책인 것처럼 국민을 속이고 있다는 점이다. 나는 이 책에서 4대강 토건공사가 어떤 내용으로 되어 있으며 어떻게 강과 자연을 죽이는지, 그러면 왜 사람들이 살 수 없는지를 말할 것이다. 정부의 주장을 하나하나 짚어 반론을 펼치고 근거자료와 도표를 제시했다. 강을 인공적으로 개발하여 피해를 입은 국내외의 사례도 넣었다. 정부가 논리로 말한다면 나 역시 논리로 말할 것이다. 나의 논리는 과학과 상식, 역사적 기록 그리고 최근까지 드러난 사례가 뒷받침해줄 것이다. 그 근거에는 정부와 국책기관이 만든 자료들도 상당수 포함되어 있다.

1부는 4대강 토건공사의 진실에 대해 누구나 납득할 수 있도록 국민들께 드리는 보고서이다.

자연은 늘 나에게 기쁨과 행복을 주었다. 살다가 힘이 들 때마다 찾아간 아름다운 산과 강과 바다는 언제나 내게 살아갈 '재생의 힘'을 불어넣어 주었다. 시간의 흐름 속에 수놓아지는 햇볕과 바람의 변화는 현실에 붙박여 경직되어 가는 나를 우주의 경이로움과 신비함으로 이끌어주었다. 자연은 나의 참된 스승이었고 부모였다. 자연은 언제나 내 삶의 지지자였고 학문의 자양분이었다.

하지만 나는 40여 년간 환경공학을 연구하면서 처참하게 자연이 파괴되고 환경이 오염되는 모습을 눈앞에서 목격해야 했다. 우리는 한때 '잘 살아보자'라는 목표를 위해 시꺼먼 매연과 폐수를 거리낌 없이 쏟아냈던 7, 80년대라는 어두운 터널을 통과해야 했다. 나는 환경을 연구하는 학자로서 그곳에 가야 했고, 가슴 아픈 모습들을 지켜봐야만 했다. 한반도에 인간이 출현한 이래 그토록 처참하게 자연을 망가뜨린 적이 있었을까? 자연만을 파괴한 것이 아니다. 그 땅과 함께 평생을 살아왔던 사람들이 쫓겨났고, 눈앞에서 목숨을 던지기도 했다. 너무나 가슴 아픈 순간들이 내 학문의 여정 속에 깊은 상처로 박혀있다.

그런데 이제 살기 좋아졌다는 민주화 시대에 전국에 걸쳐 우리 강을 죽이는 끔찍한 모습을 보고 있다. 지난 독재의 시절에도 이런 경우는 없었다. 낙동강에서 들리는 포크레인 소리가 강의 통곡소리로 들린다. 길게 흘러가는 흙탕물이 시뻘건 피눈물로 보인다. 그러나 지금 나의 40년 학문은 나를 키워준 강을 지켜주지도 못하고 있다. 깊은 밤 홀로 책상 앞에서 연구를 하다보면, 무력감과 슬픔이 엄습해 오곤 한다.

강은 누구의 것인가? 강은 대통령이나 정치가의 것도, 돈벌이를 목적으로 하는 대기업과 건축업자들의 것도, 곡학아세하는 전문가들의 것도 아니다. 강은 이 땅에서 살아가는 우리 모두의 것일 뿐 아니라 미래 후손들의 것이다.

우리의 강은 이제 돈 버는 콘크리트 더미가 되어버렸다. 땅이 사고 파는 상품이 되어버렸다. 아름다운 강산을 자랑하던 우리나라는 어느새 오염과 낭비의 대표적 나라가 되었다. 반세기 가까이 벌여온 대규모 국책사업은 5천 년을 이어온 아름다운 자연과 전통의 삶을 파괴했고, 그렇게 해서 탄생한 나라가 '세계 최대 토건국가'이다. 그로 인해 발생하는 피해는 전 국민이 짊어지고 이득은 소수가 가져가는 기형적인 국가가 되었다. 4대강 토건공사는 이런 국책사업의 가장 극단적인 것이다. 4대강 토건공사라는 전대미문의 '4대강 죽이기'는 한 순간에 나온 것이 아니다. 강은 우리를 비추는 거울이다.

2부 '이 땅에 살기 위하여'에서는 우리가 어디로 가야할지 근원적 물음에 대한 길을 찾고자 했다.

정부는 국민들의 반대와 전문가들의 이견을 '반대를 위한 반대'라고 치부해버리며 일방적으로 공사를 밀어붙이고 있다. 나는 그런 모습을 오랫동안 보아왔다. 새만금 간척 사업이나 인천국제공항 건설 사업 등 국토를 동강내는 대형국책사업을 몰아붙일 때마다 그 사업에 이권이 걸린 사람들은 필사적으로 다른 의견들을 무시하고 매도했다. 그때마다 나는 그 거대한 힘 앞에서 "반대만 하는 교수"라고 불려야 했다.

4대강 토건공사는 우리 생명이 걸린 문제이고, 우리 국토의 문제이며, 우리의 미래가 걸린 문제이다. 이것에 대해 '나는 반대한다'라는 말 말고는 어떤 다른 말이 필요하겠는가. 강을 죽이고 생명을 파괴하는 야만 앞에서는 반대 이외에는 답이 없다. '4대강 살리기'라는 이름으로 우리 강이 살해될 때, 그 앞에서 절망과 재앙을 직시하지 않는 말들이 무슨 희망일 수 있는가. 지금 '반대'라고 하는 저 편에 무엇이 있는가. 어느 쪽이 '진실'이라는 이름을 가질 지는 머지않아 역사가 판단하리라.

지금 내가 할 수 있는 것은 한 인간으로서 온 삶을 던져 "나는 반대한다", "강을 죽이지 마라"라고 외치는 것이다. 내 40년 학문은 힘이 없지만, 내 60년 삶은 간절하다. 이 책에서 말하는 내용들이 우리 강을 살리고자 하는 간절한 마음들에게 간절한 마음으로 전달되었으면 한다. 그리고 그 마음과 마음이 모여 긴 강물로 흘러갔으면 한다. 이 땅이 나에게 가르쳐준 양심과 학문이 그 외침을 뒷받침해줄 것이다. 나의 작은 외침에 이 산과 강과 바다가, 그리고 거기에 사는 많은 사람들이 메아리가 되어줄 것이다. '4대강 죽이기'라는 이 끔찍한 절망을 극복하기 위해 많은 사람들이 함께 고민하고 생태위기에 처한 우리시대의 삶의 방식에 대해 생각하는 계기가 된다면, 그게 바로 내가 '4대강 죽이기' 사업에서 유일하게 발견한 일리가 될 것이다.

2010년 8월

김정욱

차례

강물은 흘러야 한다 시 | 박노해   10
머리말 나는 반대한다   16

I
4대강 토건공사의 진실

1. 한반도 대운하의 변신   26
2. 정부 주장의 일곱 가지 허구   39
3. 해외에서 본 우리 강의 미래   82
4. 누가, 왜 추진하는가?   93
5. 진정한 강 살리기는   109

온 강이 울고 있다 사진, 글 | 지율스님   118

II
이 땅에 살기 위하여

1. 태양만 있으면 돌아가던 마을   128
2. 국가라는 이름으로   138
3. 세계 최대 토건국가가 탄생하다   173
4. 이 땅은 국민이 가꾸어야 한다   182
5. 마을 속에서 함께 살기 위하여   196

맺음말 이 땅에 충만하라   210
부록 한반도 대운하 변천사   218
주註   225

I
4대강 토건공사의 진실

작은 거짓말은 우정을 망치고
큰 거짓말은 나라를 망친다.
거짓은 거짓을 낳고 독선은 재앙을 낳는다.

1. 한반도 대운하의 변신

'4대강 살리기' 사업이 무엇이고 그것이 우리 삶과 어떤 관련이 있는지 알기 위해서는 먼저 '한반도 대운하' 공사를 살펴봐야 한다. 이명박 정부의 '4대강 살리기' 사업은 '한반도 대운하' 공사에서 시작되었기 때문이다.

'4대강 살리기'는 '한반도 대운하'

한반도 대운하는 경부운하에서 시작되었다. 2005년 당시 이명박 서울시장은 경부운하 건설계획을 발표했고, 2007년 대통령 후보로 대선을 치르면서 여기에 '호남운하'를 덧붙였다. 이후 새만금을 두바이로 만들겠다는 '새만금운하'와 '충청운하'까지 덧붙였다. 이것이 점점 확대되면서 총연장 3,134 km에 17개 운하를 건설하여 북한까지 연결하는 한반도 대운하가 되었다(그림 1).

한반도 대운하를 공약으로 내걸었던 이명박 후보가 대통령으로 당

그림 1 한반도 대운하 노선도
전국에 17개 운하, 총연장 3,134km에 이른다. 자료 : 한반도 대운하 연구회.

선되자 각 지자체는 앞다투어 추진위원회를 만들었다. 해당지역에는 '대운하 부동산'이 들어서고 땅값이 치솟으며 민심이 크게 술렁이기도 했다. 토건개발 관련업계의 주가는 치솟았다.

이명박 정부는 한반도 대운하를 '한반도 국운융성의 길'이라며 대대적인 홍보를 시작했다. "운하를 통해 배를 타고 전국 방방곡곡을 다닐 수 있고, 물류비를 1/3로 대폭 줄여 21세기 물류혁명을 이룰 수 있으며, 내륙에 물류단지와 공단 등을 개발하여 국토균형발전을 이룰 수 있는 것이다. 상주 같은 내륙 도시도 부산과 같은 항구 도시가 되어 수출품을 싣고 동남아시아 등지로 바로 갈 수 있다. 중국 관광객을 대거 유치해 관광수입을 올리고, 일자리 30만 개를 창출해 국민소득 4만 달러를 달성할 〈한반도 국운융성의 길〉이다"라는 것이다.

한반도 대운하 사업의 홍보물에는 그림 같은 항구에 배가 들락날락하고, 운하 변에 두바이 같은 고층빌딩들과 디즈니랜드 같은 휘황찬란한 놀이시설이 돌아가고 하늘 높이 알록달록한 풍선이 날아오르는 '아름다운' 풍경들이 그려져 있다.

그림2
정부 홍보물에
그려진 경부운하

세상에 이렇게 좋은 일이 사실일 수 있을까? 노자는 "진실한 말은 아름답지 않고, 아름다운 말은 진실하지 않다信言不美 美言不信"고 했다. 영어에도 "너무 좋은 것은 사실이 아니다 It is too good to be true"라는 속담이 있다. 온 국토에 엄청난 영향을 끼칠 한반도 역사상 초유의 국책사업을 진행하는데, 정작 국민들에게 정확한 현실과 사업내용을 알려주지 않고 미사여구만 늘어놓고 있다.

이러한 정부의 홍보에도 불구하고 2,000명이 넘는 전국의 대학 교수들이 운하를 반대하는 모임을 결성하고 국민의 70% 이상이 반대를 하자 2008년 6월, 이명박 대통령은 운하추진팀을 해체하고 관련 예산도 취소했다고 발표했다.

왜 대다수의 국민들이 반대를 했을까? 한 마디로 경제성이 없기 때문이다. 배는 속도가 느리다. 독일 운하의 경우 시속 10km로 배가 다니는데 이런 속도라면 서울에서 부산까지 가는 데 사흘 이상이 걸린다. 자전거의 평균속도인 시속 15km보다도 느리다. 우리나라는 서울에서 부산까지의 거리가 400km밖에 되지 않는 작은 나라이기 때문에 선박운송은 어떤 경우에도 수지가 맞지 않는다. 여론조사에서도 대부분의 사업체가 느리고 비싸다는 이유로 운하를 이용하지 않을 것이라고 했다.[1]

게다가 우리나라는 국토의 70%가 산으로 이루어진 산악국가다. 강을 서로 연결하는 물길을 만들려면 산을 뚫어야 한다. 그리고 강에 배를 띄우려면 물길을 반듯하게 고쳐서 강바닥을 깊게 파고 콘크리트로 둑을 쌓아야 한다. 그뿐 아니라 경사가 가파른 강에서는 배가 다닐 수 없기 때문에 중간마다 보를 세워 물을 막아 경사를 완만하게 만들어줘야 하는데, 그러다 보면 보가 있는 곳마다 층이 생기는 층층계 강

이 된다. 배가 층층계를 오르내릴 수 있도록 하는 장치가 '갑문'이다.[2]
이 모든 대공사는 전 국토에 걸쳐 자연환경을 엄청나게 변화시킨다.

이런 우려와 반대가 있었지만 한반도 대운하 사업은 '4대강 물길 잇기', '4대강 하천정비' 등으로 이름을 바꿔오다가 2009년 11월에 '4대강 살리기' 사업으로 재탄생되어 2010년 7월 말 22.4%의 공정이 진행되었다. 이들 사업은 이름과 명분만 바뀌었을 뿐 사업내용은 모두 한반도 대운하 사업과 내용이 거의 같다.

'4대강 살리기' 사업의 명분은 강에 쌓인 더러운 퇴적물을 준설하고, 썩은 물을 깨끗하게 하며, 물 부족을 해결하고, 홍수를 막고, 일자리를 창출하고, 강을 아름답게 하겠다는 것이다. 그리고 확실히 달라진 점은 민간기업의 자본으로 지으려고 했던 대운하와는 달리 4대강 사업은 국민의 안전과 건강을 위하는 일이라며 100% 국민의 세금으로 한다는 것이다. 공사의 주요 내용은 '보洑'라고 하는 댐을 16개 건설하고 강바닥을 깊게 준설하는 것이다. '준설浚渫'은 그렇게 쉬운 말이 아닌데도 4대강 공사로 많이 듣게 된 말이다. 이 뜻은 '하천 바닥을 파헤쳐 깊게 만드는' 것이다. 낙동강 바닥에서 4억 4천만m³를 준설한다고 하는데 이것은 부산에서 안동까지 320km 구간을 폭 200m, 깊이 6.5m를 파내는 물량이다. 이것은 하폭을 100m 이상, 수심을 6m 이상으로 만들겠다는 한반도 대운하 공사와 거의 같은 내용이다. 그림 3은 경부운하와 '4대강 살리기'의 사업내용을 비교한 것이다.

각 지방자치정부의 움직임을 보면 '4대강 살리기' 사업이 곧 대운하 사업 추진임을 알 수 있다. 2008년 11월 경북, 대구, 경남, 부산, 울산 등 영남의 5개 지자체 장들은 '낙동강 물길 살리기' 조기시행을 촉구하면서 33조 5,649억 원의 예산을 추가로 요구했다. 그러자 충남은 '금

경부운하

낙동강 수심 : 6~6.5m
수로폭 : 200~300m 이상

=

'4대강 살리기' 사업

낙동강 수심 : 6~6.5m
수로폭 : 200m 이상
(낙동강 4.4억m³ 준설)

그림3 경부운하와 '4대강 살리기'의
공사내용 비교
댐의 위치와 수로 공사의 개념이 같다.

강 살리기' 사업에 6조 9,380억 원을, 경기도는 '한강 잇기' 사업에 22조 8,806억 원을 추가로 요구했다. 대한민국에서 아직까지 듣지도 보지도 못한 이런 엄청난 예산이 바로 운하를 만들기 위해 요구하는 예산이다.

서울시는 경인운하를 용산까지 연장하고, 중랑천도 6m 깊이로 파겠다고 나섰다. 대구시에서 발간한 보고서는 '낙동강 운하'라는 제목을 버젓이 달고 있는데, 물길 살리기가 운하 건설임을 분명히 밝힌 것이다(그림 4). '살리기'나 '잇기' 등의 용어는 모두 '4대강 살리기'와 말을 맞추고 있는데, 이들 사이에서 '4대강 살리기'라는 말은 암묵적으로 '운하'라고 이해되는 것이다.

2008년 12월 1일 MBC 보도에 의하면, 익명의 이명박계 핵심 의원이 "4대강 정비 사업이 대운하 사업의 제1단계가 될 수 있다"고 밝혔다. 강바닥을 파내고 물길이 만들어지면 2단계로 물류 수송이 이루어지고 3단계로 통일 이후 한반도 전체를 뱃길로 잇는 것이 가능하다는 것이다. 이와 유사한 발언이 밝혀진 것은 한두 번이 아니다.

그림 4
대구시에서 발간한
낙동강 운하 보고서 표지
자료 : 대구시,「낙동강 운하 및
연안개발 기본계획 수립용역」,
2008년 7월 10일.

2008년부터 수자원공사는 비밀리에 운하추진팀을 꾸려왔다. 2008년 5월, 운하추진팀에 참여했던 건설기술연구원의 김이태 연구원은 "한반도 물길 잇기와 4대강 정비 계획의 실체는 대운하 사업 계획"이라는 양심선언을 했다. 그 후, 정부는 이 비밀 추진팀을 해체한다고 공식 발표했다. 그러나 실제로는 국토해양부 산하 한강홍수통제소로 장소만 옮겨 청와대 국정수석기획실의 지휘 하에 매일같이 청와대에 보고하면서 일을 추진해왔다고 한다.[3] 매일 추진 실적을 보고하고 업무지시를 받는 것은 건설회사가 공사현장에서 하는 관행이다. 그 결과가 그해 12월에 '4대강 하천정비사업'이라는 제목으로 국토해양부에 의해 발표되었다.

　2010년 6월, 정부는 여의도 일대에 국내 최초의 국제 무역항을 신설하는 항만법 시행령 개정안을 의결했다. 그러나 국무회의 의결 사실은 1주일이 지난 다음에야 시민사회 단체들의 문제제기에 의해 알려질 수 있었다. 연안이 아닌 내륙으로서는 최초로 생기는 국제항구에 관련된 법령인데도 정부는 입을 다물고 숨기고 있었던 것이다. 운하건설 논란을 의식해 발표를 미룬 것으로 보이는데, 실제로 환경단체들은 여의도 일대가 무역항으로 지정되면 화물선 운행이 가능해져 서울이 한반도 운하의 거점이 될 것이라며 비판하고 나섰다. "여의도의 국제무역항 지정은 강을 운하로 이용하기 위한 최초의 법률적 조치"이다.[4]

　이런데도 정부는 '4대강 살리기'가 '한반도 대운하'와는 무관하다고 주장한다. 운하가 되려면 화물선이 다니기 위한 갑문이나 터미널이 있어야 하는데 4대강 사업엔 그런 것이 없기 때문이라고 한다. 그러나 4대강 공사가 끝나고 갑문을 설치하는 건 공학적으로 전혀 어려운 일이 아니다. "지금 4대강 공사를 했다가 나중에 국민이 원할 때 서로 연결시켜서 한반도 대운하를 만들 수 있다"라는 말은 지금 대운하 공사를 하고 있다는 말과 같은 말이다.

강의 오염, 언어의 오염

사업 명칭을 수시로 바꾸어 심각한 혼란을 주고 있는 한반도 대운하 공사의 이름들이 어떻게 나왔는지 살펴보도록 하자. 요즘은 바벨탑 사건이 다시 일어나듯 언어의 혼란이 심하고 심지어 말을 거꾸로 하기도 해서 정신을 바짝 차리고 듣지 않으면 안 된다.

'4대강 물길 잇기'라는 이름은, '한반도 대운하'의 영어 표기인 'Pan-Korea Grand Waterway'에서 'waterway'를 '물길'로 번역한 것이다. '물길'인데 물이 다니는 길이 아니고, 물로 배가 다니겠다는 취지이다. 그런데 이 말은 사실을 왜곡하고 있다. 이를테면 '낙동강 물길 잇기'는 낙동강에 댐을 줄줄이 쌓고 갑문을 만들어 배가 다니게 하는 공사이다. 그러면 낙동강의 물은 전기로 수문을 열어야만 흐를 수 있게 되는데 이것은 '물길 잇기'가 아니라 '물길 끊기'라고 할 수 있다.

강을 '물길'이라고 부르는 것은 강에 대한 정부의 인식수준을 그대로 드러내준다. 강을 물길이라 부르는 것에 어떤 느낌과 예감이 들지 않는가? 강은 산에서 흘러온 물이 강바닥과 강 주변의 지형을 흐르면서 수많은 생명을 길러내며 바다로 연결되는 거대한 생태계이다. 사람들이 '강'이라고 부를 때는 그런 수많은 것들을 함께 부르는 것이다. '물길'이라고 부르는 사람은 강을 그저 '수로水路'로 보는 것이다. 강을 도로로 보기 때문에 구불구불 흐르는 강을 직선으로 만들고 제방을 쌓고 싶은 마음이 생겨나는 것이다.

이참에 '댐'이라는 용어에 대해서도 한번 짚어보고자 한다. 정부는

4대강 공사에서 '16개의 보와 3개의 댐'을 건설한다고 말한다. 정부는 '댐'이 아니고 '보'라고 주장하는데, 영어에서는 이런 것들을 다 댐dam이라고 한다. 한자로는 보洑라고 하면 작은 저수지를 뜻하고 우리말로는 둑이다. 영어에서는 비버가 만든 작은 둑도 다 댐이라고 부른다.

하천의 흐름을 막는다는 점에서 댐과 보는 조금도 다르지 않다. 국제대형댐위원회ICOLD는 높이 15m 이상이거나, 높이가 5~15m 댐 중 저수량이 3백만m³ 이상인 댐을 대형댐으로 규정하고 있다. 따라서 국제기준으로 15m 이하의 댐은 소형댐이다. 정부가 주장하는 16개 보의 높이는 최저 6m에서 가장 높은 것은 13m를 넘는다. 정부는 댐과 보를 구분해서 4대강 공사에 댐을 3개만 짓는 것처럼 말하고 있지만 사실은 19개의 댐을 짓는 것이다.

그럼 '4대강 살리기'라는 이름은 어떻게 나왔을까?

2008년 12월에 국토해양부는 14조 1,418억 원을 투자해서 '4대강 하천정비' 사업을 시행하겠다고 발표했다. '하천정비'라는 말은 국민들이 익히 들어왔던 말로, 그동안 정부가 늘 해왔던 사업이다. 그러나 2006년 건설교통부는 '4대강을 포함한 국가하천정비는 97.3%가 끝났다'고 발표했다.[5] 그런데 14조 원이 넘는 막대한 예산을 또 하천정비에 쓰겠다는 것인데 그 이유가 무엇이냐고 의문을 제기하자, 정부는 하천 생태계를 살리겠다는 명분을 강조해 '4대강 살리기'라는 이름으로 사업명칭을 변경한 것이다.

'4대강 살리기'는 영어로 'Four Major Rivers Restoration'이라고 이름을 붙이고 있다. 'River Restoration'의 본뜻은 인공적으로 변질된 하천을 원래 모습대로 복원하는 것을 말한다. 4대강 사업은 거꾸로 자연 하천을 인공적으로 만들겠다는 사업인데 복원Restoration이라는 말을 갖다 붙였다.

국제연합환경계획UNEP, United Nations Environment Program이 2009년 2월에 발간한 *A Global Green New Deal*이라는 책자에는 4대강 사업이 'River Restoration'이라는 이름으로 일자리 19만 9,960개를 만드는 모범적 녹색사업으로 버젓이 올라가 있다. 정부는 이것을 근거로 세계가 우리나라의 4대강 사업을 주목하고 있다고 선전한다. 그러나 그해 11월에 발간된 한국의 녹색성장 비전에 대한 UNEP 보고서 초안에서는 "한국에서 4대강 사업에 관한 논란이 있으며, 한국 정부는 습지대에 관한 잠재적인 영향을 평가하고 이를 저감시키라"고 촉구했다. 세계적 권위의 과학 전문지 『사이언스 *Science*』는 "UNEP가 체면을 유지하면서 4대강 사업에 대한 이전의 승인을 철회하는 것 같다"고 평가했다.[6]

이명박 대통령은 2009년 9월 23일 UN총회에서 "한국을 동서로, 남북으로 관통하는 주요 강들을 살리는 '4대강 살리기River Restoration' 사업으로 용수확보와 홍수조절의 근본대책을 마련함은 물론, 하천 생태계를 복원하는 작업을 진행하고 있습니다"라고 연설했다. 강은 남북으로 동서로 관통하지 않는다. 이것은 운하를 마음에 두고 이야기하는 것 같다. 이명박 대통령이 연설에서 '4대강 공사'를 'River Restoration'이라고 표현한 것은 우리 국민뿐 아니라 세계인을 상대로 언어를 혼란시키는 것이 아닌가.

한반도 대운하는 진실을 숨기고 거짓을 아름다운 말로 포장하고 있는 것으로 보인다. 올바른 언어는 사물의 진실을 제대로 알게 해주며, 진실을 반영하는 언어는 올바른 실천으로 이끈다. 그리고 그런 언어를 여러 사람들이 함께 쓰면서 올바른 여론이 형성된다. 한반도 대운하에서 일어난 언어의 혼란이 심각한 사회문제가 되는 이유는 그 혼란을 만드는 이들이 우리 사회를 이끄는 사회 지도층들이기 때문이다. 한 나라의 말과 글이 타락하면 그 나라의 도덕과 문화, 정신이 허물어진다.

'4대강 살리기' 사업의 올바른 이름은?

그러면 우리가 올바른 명칭을 한번 붙여보자. '4대강 살리기'로 불리는 이 사업에 어떤 이름을 붙이는 것이 합당할까? 우선 4대강 사업은 무엇인가? 강바닥을 깊게 파고, 콘크리트 댐을 쌓고, 둔치를 평평하게 깎아 체육시설과 문화시설 등을 짓고, 슈퍼제방을 높이 쌓아 자전거도로와 자동차도로를 만든다. 남는 땅은 개발하여 분양한다. 국어사전에는 이미 이런 것을 나타내는 단어가 있다. 그림 5의 공사내용과 비교해보자.

토목공사土木工事 : 목재나 철재·토석 따위를 사용하여 도로나 둑·교량·항만·철도·상하수도 따위를 건설하거나 그것을 유지하기 위한 공사 등을 통틀어 이르는 말.

그런데 이 말로는 조금은 부족한 듯 싶다. 4대강 공사는 강변에 온갖 시설과 건물을 짓는데 이 단어에는 그 뜻이 안 들어가 있다. 그러나 이런 뜻으로는 우리가 더 많이 알고 있는 '건축'이라는 단어가 있다. 그럼 이 두 단어를 합쳐서 어떻게 부르나?

토목건축土木建築 : 토목과 건축을 아울러 이르는 말.

토건土建 : '토목건축'의 준말.

이제부터는 '4대강 살리기'를 '4대강 토건공사'라고 불러야겠다. 나는 토건산업을 나쁘게 말할 의도는 전혀 없다. 토건산업은 국가의 중요한 산업 중 하나로 국가발전에 꼭 필요하다. 그러나 4대강 사업은 우리 강에 대한 불필요한 전면적 공사이며 토건공사 자체를 위한 공사이기 때문에 문제이다.

한 가지 이름이 더 있다. '한반도 대운하 토건공사'다. 대통령이 '운하'가 국가의 장래를 위해 반드시 필요한 것이라고 생각한다면, '한반도 대운하'라는 이름을 당당하게 내놓고 국민을 설득해야 할 것이다.

그림5 '4대강 살리기' 사업 개념도
자료 : 국토해양부.

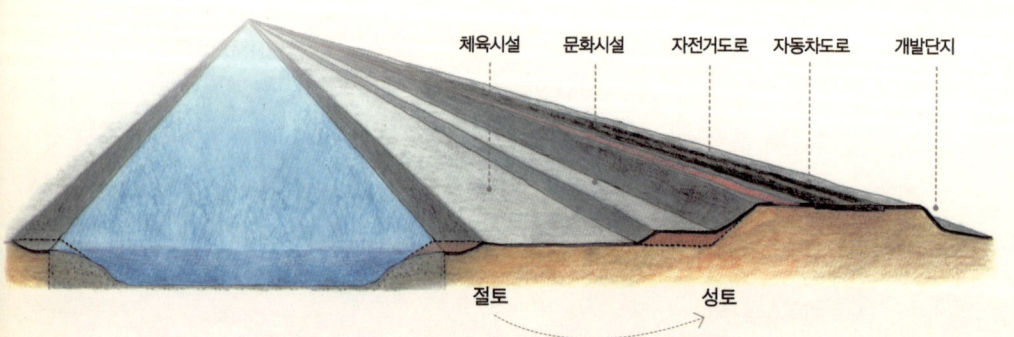

*절토切土 : 땅을 깎는 것. 성토盛土 : 준설토를 지대가 낮은 농경지에 채우는 것.

2. 정부 주장의 일곱 가지 허구

정부는 4대강 토건공사의 일곱 가지 목적을 들고 있다. 과연 정부가 우리 강의 문제를 정확하게 진단하고 있는지, 그 대책은 타당한지 살펴보자. 우리가 알고 있는 과학과 상식만으로도 무엇이 옳고 그른지 충분히 판단할 수 있을 것이다.

1. 강바닥의 더러운 퇴적물을 준설해야 한다?

정부는 그동안 우리나라 강에 더러운 퇴적물이 많이 쌓여있기 때문에 4대강 토건공사를 해서 강바닥의 더러운 퇴적물을 준설해야 한다고 주장한다.

그러나 우리나라 강바닥은 해외의 하상퇴적물 기준과 비교해도 우려하지 않아도 될 정도로 건강하다.[7] 실제로 1990년대 초까지는 강바닥의 오염이 심각했으나, 낙동강 페놀사고 이후로는 '맑은 물 대책'에 30조 원 이상을 투자하는 등의 노력으로 상당히 맑아졌다. 우리나라

강은 여름에 큰 홍수가 발생할 때마다 더러운 퇴적물이 쓸려가고 새로운 모래가 퇴적되면서 강바닥이 상당히 깨끗해진다. 이는 2008년 국립환경과학원이 조사한 「하천호소 퇴적물 모니터링 시범사업」 보고서에서도 입증되었다.

정부는 준설을 해야 하는 또 다른 이유로 하상河床(강바닥)이 높아졌기 때문이라고 한다. 그러나 우리나라 하천은 2005년까지 진행한 골재 채취 등으로 하상이 오히려 낮아졌다. 댐이 있는 곳에만 퇴적물이 쌓일 뿐이다. 그런데 4대강 토건공사는 오히려 댐을 더 쌓겠다는 것이니 앞뒤가 안 맞는 주장이다. 만약 정부 주장대로 강바닥을 깊게 파면 물이 고이게 되어 도리어 오염 퇴적물이 쌓인다. 그림 6은 감사원 감사

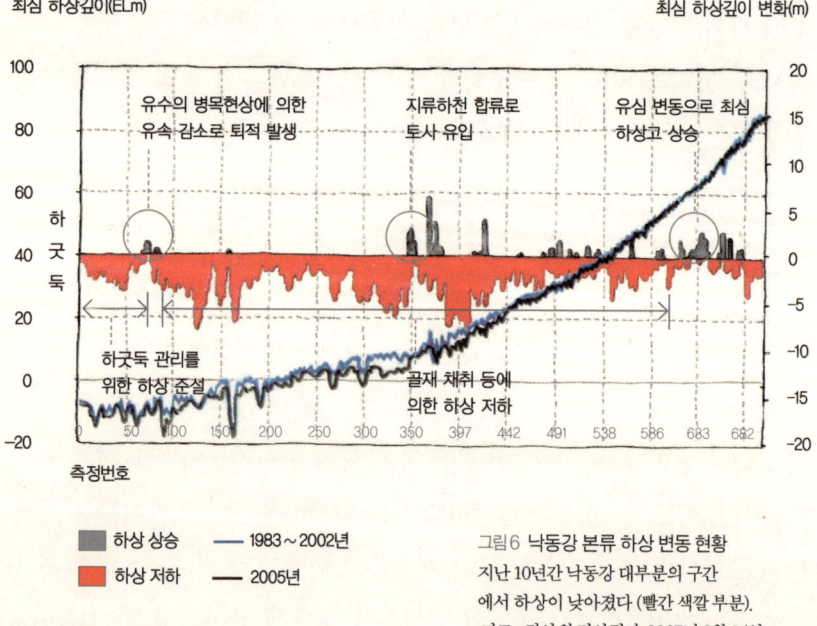

그림 6 낙동강 본류 하상 변동 현황
지난 10년간 낙동강 대부분의 구간에서 하상이 낮아졌다 (빨간 색깔 부분).
자료: 감사원 감사결과, 2007년 8월 24일.

결과 자료인데 이를 보면 낙동강 대부분의 구간에서 하상이 낮아졌다. 국내 최대 환경 싱크탱크인 한국환경정책평가연구원 KEI이 최근에 내놓은 연구결과에 의하면, 조선총독부가 1914~1918년 펴낸 「근세한국오만분지일 지형도」를 근거로 1910년대와 2000년대의 낙동강 62개 지점의 수심을 비교 분석한 결과, 평균수심이 2.95m에서 4.41m로 1.5배 깊어졌다고 밝혔다.[8] 이 보고서 작성에 관여한 한 연구원에 의하면 이 연구는 4대강 준설에 타당성을 부여하기 위한 목적이 있었다고 한다.

그런데도 정부는 충분한 사전조사도 없이 강바닥의 퇴적토를 무리하게 파헤치고 있다. 강바닥을 2년이라는 짧은 기간 동안 한꺼번에 준설하면 심각한 부유물이 발생한다. 이러한 갑작스런 준설로 생겨난 점토입자, 박테리아, 조류, 유기화합물, 중금속 등 다양한 위험물질은 강물에 섞이게 된다. 특히 한때 오염이 심했던 금호강이 합류하는 낙동강의 대구 하류는 오염된 퇴적토가 묻혀 있을 가능성이 크다.

정부는 퇴적토가 얼마나 오염이 되었는지 조사해 보지도 않고, 오염된 퇴적토가 나오면 어떻게 처리할지 대책도 없이 강바닥을 파헤쳐 시커먼 바닥을 드러내 놓았다. 결국 달성보 공사 현장에서 나온 퇴적토를 분석한 결과 구리, 비소, 납 등 중금속이 다량으로 검출되었다.

정부는 우리나라의 토양오염기준 이내라서 안심해도 된다고 하지만, 이는 토양오염기준과 비교해서는 안 되고 하상퇴적토오염기준과 비교해야 한다. 민주당에서 동의과학대학에 퇴적토를 의뢰하여 분석한 결과는 비소가 8.488ppm이 검출되어 미국 해양대기관리청NOAA 기준 8.2ppm을 초과하였다. 게다가 하상퇴적토오염기준은 퇴적토 위로 물이 가만히 흐를 때를 기준으로 하는데 지금은 마구 파헤쳐진 퇴적토가 물에 섞여 떠내려가기 때문에 문제는 훨씬 심각하다.

정부는 이에 대해 오탁 방지막과 침사지沈沙池를 운영해서 수질 오염을 차단할 수 있다고 주장한다. 침사지는 공사를 할 때 생기는 모래와 흙을 가라앉히기 위해 만들어놓은 연못이라고 생각하면 된다. 그러나 준설현장에서 오탁 방지막과 침사지만으로 탁수의 주범인 미세입자를 저감하는 데는 한계가 있다.

정답이 무엇인가? 그냥 가만히 두어야 한다.

4대강 토건공사의 강바닥 준설은 온 국민이 마시는 강물을 오염시켜 식수대란을 일으킬 위험을 안고 있다. 최근 이런 우려가 현실로 드러나고 있다. 부산일보는 2010년 2월에 "부산시민들의 식수원인 낙동강의 수질이 이달 들어 급격히 악화돼 BOD(생물학적 산소 요구량)가 4급수 수준인 5.1mg/l 이상을 자주 기록해 충격을 주고 있다"고 보도했다. 4급수란 사람이 먹을 수 없고 실지렁이 외에는 살지 못하는 오염된 물로, 약품처리 등 고도의 정수처리 후에도 식수가 아닌 공업용수로나 쓸 수 있는 등급을 가리킨다. 학계와 시민단체에서는 "낙동강 함안보 오니토의 입자구성과 오염토를 분석해 볼 때 준설이 이루어지면 하류권 취수지역의 탁도濁度 증가와 이로 인한 상수원수 오염악화가 불가피할 것"이라고 밝혔다.[9] 강바닥을 파헤치면 그곳에 살고 있는 생물들은 살 곳을 잃게 되고, 모래와 자갈의 정화기능은 사라진다. 무리한 강바닥 준설은 인간과 생물 모두의 생명을 위협하는 것이다.

그러면 이렇게 강바닥을 파서 나온 흙은 어떻게 될까? 강바닥을 준설해서 나오는 모래 5억 7,000만t 중 2억 6,000만t은 건설용 모래로 팔리고, 절반이 넘는 3억 1,000만t은 '농경지 리모델링'이라는 이름으로 강변 낮은 지대의 농경지를 성토하는 데 쓰인다. 그러나 준설한 모래 2억 6,000만t을 쌓아둔 농경지는 모래가 다 팔릴 때까지 농사를 지을

사진 1 4대강 토건공사의 '농경지 리모델링' 현장
2010년 4월, 낙동강변 ⓒ지율스님.

수 없는 것은 물론이고, 3억 1,000만t으로 성토한 농경지 역시 2년간 은 농사를 지을 수 없다.

2. 4대강 토건공사는 물을 깨끗하게 만든다?

정부는 4대강 토건공사로 물을 깨끗하게 만든다고 한다. 그러기 위해 댐과 둑을 더 많이 쌓겠다고 한다. 결론부터 말하면 강바닥을 파고 둑을 쌓고 댐을 만들면 오히려 수질은 더욱 악화된다.

그 이유를 낙동강을 예로 들어 설명해보겠다. 4대강 토건공사를 해서 낙동강에 8개의 댐을 더 세우겠다고 한다. 그러면 앞으로 낙동강은 전기로 수문을 열어야만 물이 흐를 수 있는 강이 되고 만다. 지금은 건기 때에 낙동강 물이 안동에서 바다에 이르는 시간이 18.3일이다. 공사 이후에는 185.8일로 10배 이상 늘어난다. 유속이 떨어져 하루에 2km도 흘러가지 못하기 때문이다. 이런 상태면 '수질 및 수 생태계 보

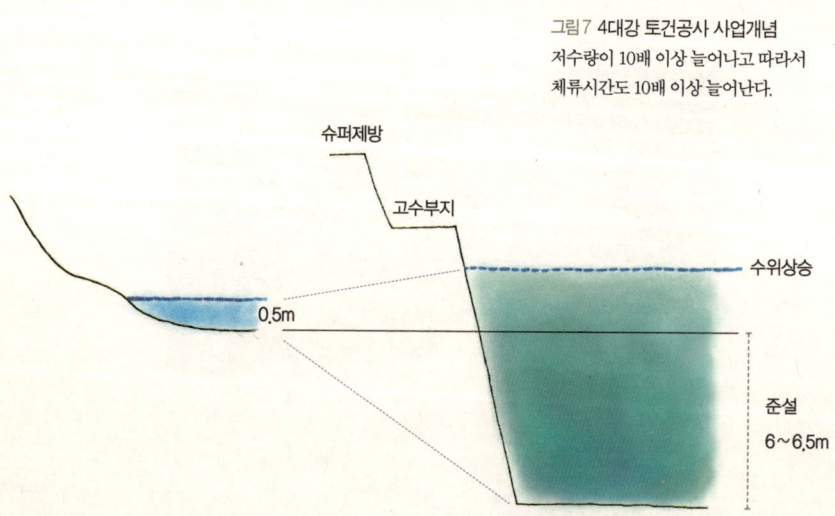

그림7 4대강 토건공사 사업개념
저수량이 10배 이상 늘어나고 따라서 체류시간도 10배 이상 늘어난다.

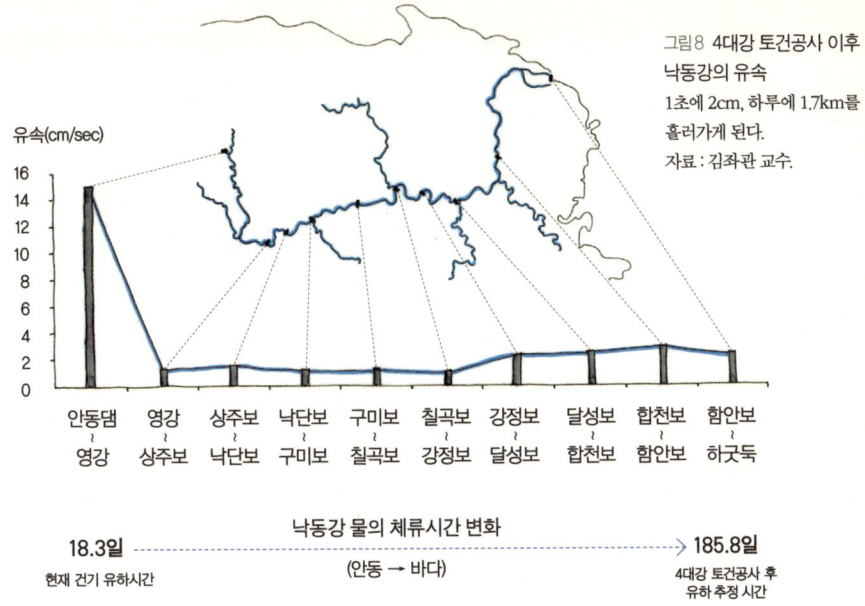

그림8 4대강 토건공사 이후 낙동강의 유속
1초에 2cm, 하루에 1.7km를 흘러가게 된다.
자료 : 김좌관 교수.

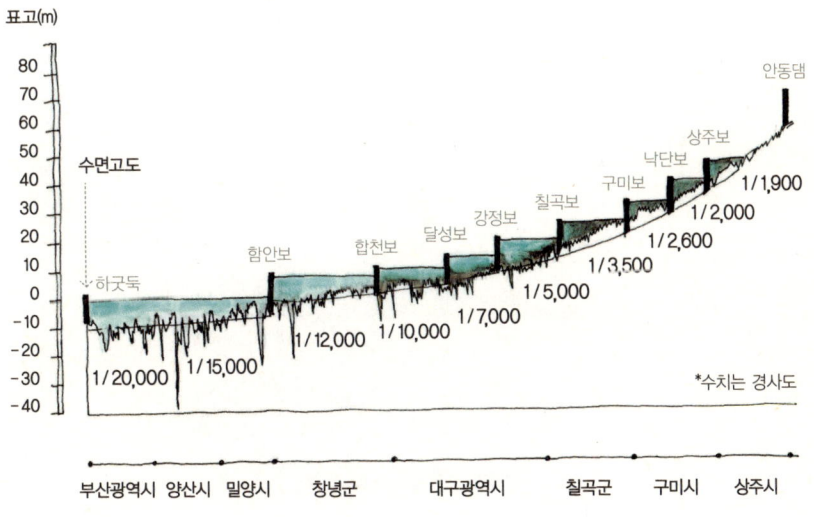

그림9 4대강 토건공사 이후 낙동강 구간의 수면고도
이렇게 계단처럼 변한 강을 과연 강이라 부를 수 있을까? 자료 : 김좌관 교수.

전에 관한 법률' 2조에 따라 강이 아니라 호소湖沼(호수와 늪)라 불러야 한다. 낙동강의 '강'은 사라지고 호소 10개만 존재하는 낙동 호소들로 바뀌게 되는 것이다.

 흐르지 않는 물은 썩는 것이 자연의 이치이다. 호수는 강처럼 흐르는 물이 아니므로 깨끗해지기 어렵다. 고인 웅덩이에서 플랑크톤이 자라고, 죽으면 가라앉고, 가라앉으면 썩어서 위로 올라가고 이런 식으로 순환하며 계속 오염물이 축적되기 때문이다. 거기에다가 흙탕물이 흘러와 그대로 퇴적되어 수질은 더욱 악화된다. 그림 11은 1984~1988년 사이 하굿둑 건설을 전후한 낙동강의 수질 변화를 비교했다. 낙동강은 하굿둑을 짓고 나서 5급수 또는 등급 외의 수질이 되었다.

 이명박 대통령은 수질 개선에 대해 자신감을 보였다. "시화호도 지금은 수질이 개선됐다. 반대하는 분들이 수질이 악화될 것이라고 했는

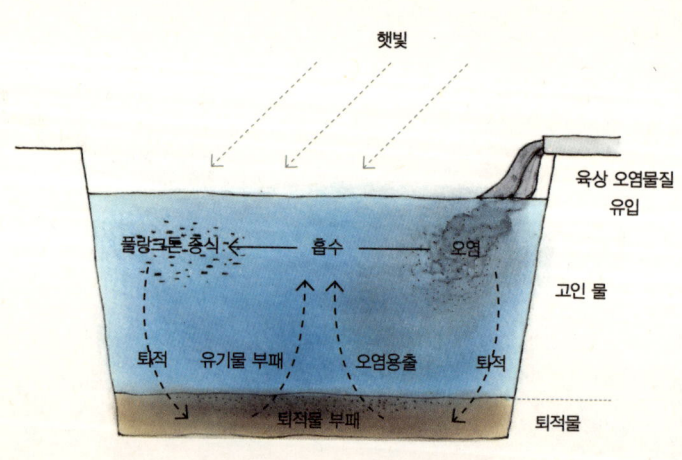

그림 10 웅덩이 오염물의 순환·축적 과정

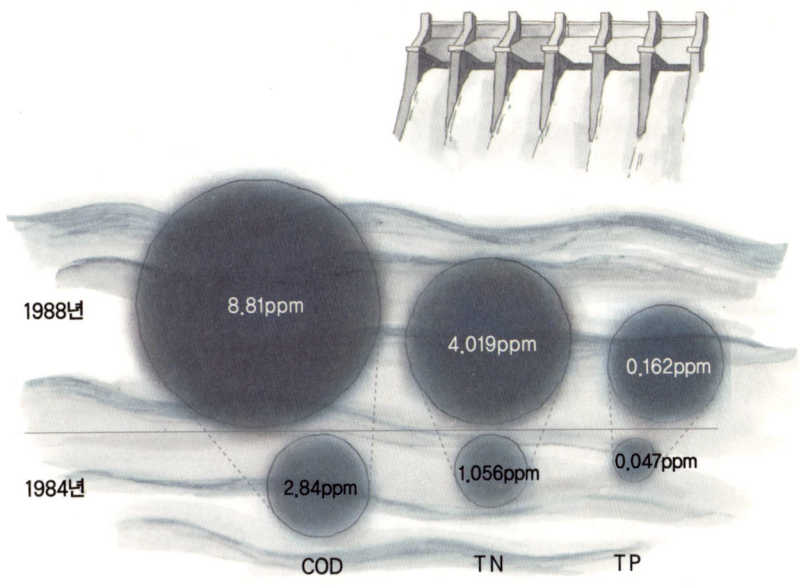

COD (화학적 산소요구량) : 물속의 유기물 오염도를 측정하는 지표로서 호수의 오염도를 나타내는 대표적인 지표이다. 8~10ppm이면 환경기준으로 5급수에 해당한다.

TN (총 질소) : 호수의 부영양화를 일으키는 대표적인 물질로서 1.5ppm 이상이면 환경기준으로 등급 외의 수질이다.

TP (총 인) : 호수의 부영양화를 일으키는 가장 대표적인 물질로서 0.15ppm 이상이면 환경기준으로 등급 외의 수질이다.

그림 11 낙동강 하굿둑 건설 전후의 수질 변화 비교 (1984~1988)
자료 : 수산진흥원. 『부산일보』(1988. 7. 6)에서 재인용.

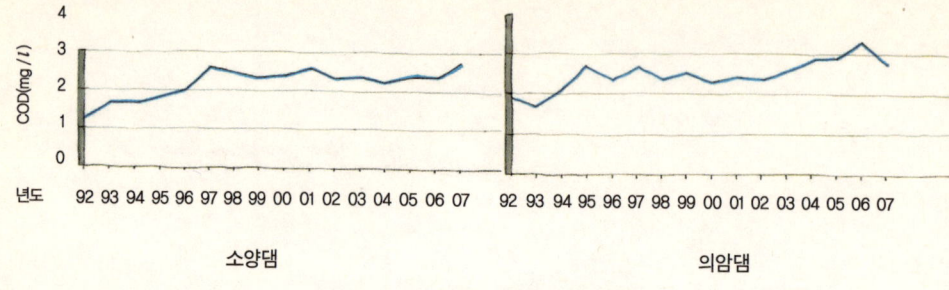

소양댐　　　　　　　　　　　　　의암댐

데, 대한민국 기술 수준이 30~40년 전이면 그럴 수도 있다. 지금 대한민국의 기술은 세계 최고다. 지금 정부가 이 수준에서 보를 만들어 수질이 나빠지게 하겠는가?"라고 말했다.[10] 그러나 시화호의 수질이 개선된 것은 '대한민국의 세계 최고 기술' 때문이 아니라 자연의 법칙 덕분이었다. 시화호는 공사가 끝난 후 3년 만에 물이 심각하게 오염되었다. 결국 정부는 수질 개선을 위해 2000년 시화호의 담수화 계획을 포기하고 바다를 막은 갑문을 열었다. 시화호의 수질이 개선된 것은 막대한 예산을 들여 설치한 갑문을 열어 바닷물이 들어왔기 때문이다. 시화호 수질 개선은 '물은 흘러야 한다'는 자연의 진리를 증명해준다.

앞서 설명한 대로, 1991년부터 총 30조 원 이상을 투자하여 많은 강이 맑아졌지만, 댐을 쌓아 물을 가둔 호수는 거의 맑아진 곳이 없다. 환경부 자료에 의하면 소양댐, 의암댐, 청평댐, 팔당댐의 수질은 계속 나빠지고 있다(그림 12). 소양댐은 2급수로 떨어졌으며, 여름에 비만 내리면 흙탕물이 되고, 그 흙탕물은 시퍼런 녹조물이 된다. 2006년에는 200일 이상 흙탕물 상태였다. 팔당댐은 3급수가 되었다. 영산호, 금강 하굿둑에 갇힌 물도 마찬가지다. 금강의 물은 5급수가 되었는데, 정부는 이 물을 끌어다가 새만금을 4급수로 만들겠다고 했다.

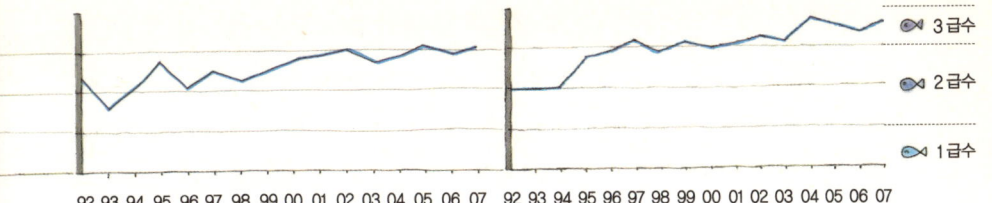

그림 12 소양댐, 의암댐, 청평댐, 팔당댐의 호수 수질 추세
1991년 이후 2007년까지 수질 개선에 30조 원 이상을 투자했으나 수질이 개선된 호수는 찾아볼 수 없다.
자료 : 환경부 통계자료, 2007년. *COD 화학적 산소 요구량

그림 13 여름이면 흙탕물로 변하는 소양댐
SS (부유고형물)는 최하급수가 3, 4급수 기준(15 mg / l).
자료 : 환경부 통계자료, 2008년.

정부 주장의 일곱 가지 허구 49

이렇게 심각한 수질 악화를 해결하지 못하는 정부는 오히려 물을 오염시킨다는 이유로 강변에서 농사짓는 사람을 쫓아내고 있다. 그런 다음 만든다는 게 승마장, 골프장, 피크닉장, 공연장, 체육시설, 자동차 진입로 등이다. 무엇이 오염을 더 많이 시키겠는가? 그래서 팔당지역 사람들이 농성을 하는 것이다. 그들은 유기농업을 하고 있는데, 유기농업 방식은 오염을 거의 유발하지 않는다. 더구나 팔당 인근은 거의 비닐하우스다. 흙이 비닐하우스 안에 묶여 있으므로 비가 와도 떠내려가지 않는다. 농경지로 인해 강이 오염되는 이유는 흙에 포함된 화학비료가 빗물에 씻겨나가기 때문이다. 아예 씻겨 나갈 흙이 별로 없는데 어떻게 강을 오염시킬 수 있나? 게다가 식량자급률이 25%도 안 되는 나라에서 농사를 짓지 말라니, 그리고 그 자리에 위락시설을 짓겠다니, 이게 무슨 경우인가?

4대강 토건공사는 물을 고여 썩게 만들고, 강변을 개발하여 오염부하를 심각하게 높이는 잘못된 사업이다.

사진2
댐에서 생기는 녹조현상
대청호에서 부영양화로 인한 녹조현상. 낙동강의 미래를 짐작하게 한다.
오른쪽 아래 사진은 대청호에 쓰레기가 상습적으로 쌓이자 시민들이 치우는 모습. 수질 개선을 한다면 가장 먼저 해야 할 일이다.
자료 : 대청호보전운동본부.

3. 4대강 토건공사는 물 부족을 해결한다?

정부는 한국이 '물 부족 국가'라고 하는데 이는 사실이 아니다. 정부는 물 부족의 근거로 UN 통계를 인용하지만 UN은 그런 말을 한 적이 없다. 유네스코가 미국의 민간단체 국제인구행동연구소PAI의 내용을 일부 인용한 것을 두고, 정부는 UN이 대한민국을 물 부족 국가로 지정한 듯 거짓말을 하고 있다. PAI는 인구 1인당 연간 강우량에 따라 물 풍족 국가, 물 부족 국가, 물 기근 국가로 분류한다. 강우량을 인구밀도로 나눈 매우 단순한 자료이기 때문에 학술적으로 활용할 수 있는 정보가 아니다. 강우량을 인구밀도로 나누면 오히려 사막이 우리보다 물이 풍부한 나라로 분류된다. 비는 땅을 적시기 위한 것이지 모두 사람이 쓰라고 내리는 것이 아니다.

2005년 1월 대통령 자문 지속가능발전위원회는 다음과 같이 말했다.

물 부족 국가란 실체가 없는 왜곡된 선전일 뿐, 우리의 물 사정을 대표하는 개념이 아니다. 그럼에도 정부 부처와 언론은 단순하고 공격적인 물 부족 단어를 의도적으로 남용하면서, 관행적인 물 정책을 정당화하는 도구로 삼고 있다. '물 부족 국가'는 '돈 부족 국가'만큼이나 허황되고 비논리적이다.[11]

물 사용량에 대해 국토해양부에서 발표한 자료를 보면, 우리 국민의 1인당 1일 물 소비량은 생활용수를 포함해서 600*l*인데, 그중 생활용수로 쓰는 게 400*l*이고 나머지는 공업용수라고 한다. 게다가 정부는 2020년까지 국민 1인당 1인 물 소비량이 650*l*로 늘어난다고 보고 댐을 더 지어야 한다고 주장한다. 그러나 물을 이렇게 많이 쓰는 나라는 세계 어디에도 없다. 독일과 프랑스는 생활용수에 공업용수까지 합쳐서 하루에 200*l*를 쓴다. 이스라엘은 전 국토의 절반이 사막이고 나머지 절반 지역의 강우량도 한국 강우량의 50%밖에 안 된다. 그나마도 여름 농사철에는 비가 내리지 않고 겨울에만 비가 내린다. 그런데 이들의 물 사용량은 우리의 1/3도 안 된다. 생활용수와 공업용수에 농업용수까지 합쳐서 170*l*를 쓸 뿐이다.[12] 이스라엘은 이 물을 쓰고도 식량은 자급자족하고 남아서 수출을 하고, 1인당 소득은 우리를 앞지른다.

정부 주장에 따르면 우리나라는 물 부족 국가가 아니라 '물 낭비 국가'인 것이다. 그러나 실제로 조사해본 결과 우리나라 가정의 1인 1일당 생활용수 사용량은 175*l*였다! 우리나라 전국의 취수장 이용률은 51.9%이고 정수장 이용률은 54.2%에 지나지 않는다.[13] 기가 막히게도 우리나라 취수장과 정수장의 반이 놀고 있는 것이다.

왜 정부는 국민의 물 사용량을 과도하게 설정한 것일까? 각 지방자치단체에서 제시한 장래발전계획을 살펴보면 그 이유를 알 수 있다. 각 지역에서 장래계획인구를 정말 야심차게 세웠는데, 이를 다 합치면 현재 한국 전체 인구의 두 배를 훌쩍 넘는다. 이런 장래발전계획에 근거하여 물 공급계획을 세웠기 때문에 지금껏 정부는 물을 과잉 공급해온 것이고, 우리 국민들은 물을 과소비하는 국민이 된 것이다.

정말로 정부가 물 부족을 걱정한다면 골프장부터 규제해야 한다. 18홀 골프장 하나가 가뭄 때에 하루 1,000t, 제주도에서는 2,000t의 물을 쓰는데 이는 만 명이 쓸 수 있는 물이다. 수천 개의 골프장을 무분별하게 허가하여 수천만 명 분의 물을 골프장에서 쓰게 하면서 물 부족 국가라고 말할 수 있을까?

정부는 4대강 토건공사를 해서 물 부족을 해결할 수 있다고 주장하는데, 운하를 만든다고 할 때도 같은 말을 했다. 그런데 운하의 물은 수위를 유지하는 용도이기 때문에 마음대로 빼서 쓸 수 있는 물이 아니다. 그럼 강바닥을 파서 수심을 깊게 하면 물을 더 쓸 수 있다는 주장은 사실일까? 우리나라는 수중 생물을 살리고 하천 생태계를 유지하기 위해서 물이 부족하지 않게 흐르도록 하천유지용수라는 것을 설정해놓고 있다. 이 하천유지용수는 유속과 관련이 있다. 수심을 두 배로 깊게 하면 유속이 반으로 줄어들어 하천유지용수를 두 배로 늘려야 한다. 즉 수심을 깊게 할수록 더 많은 하천유지용수를 확보해야 하기 때문에 물을 더 쓸 수 없는 것이다.

게다가 정부는 지금까지 살펴본 대로 4대강 토건공사로 맑은 물을 많이 모아두겠다고 했지만, 실제로 물을 쓸 계획은 세우지 않고 있다. 정부 주장대로 4대강 토건공사로 물을 모았으면 그 물을 공급해줘야 할 텐데 그와는 별도의 계획을 세우고 있다. 이른바 '맑은 물 공급 사업'이 그것이다. 부산시민들에게는 남강댐을 보강하고 지리산댐을 만들어 물을 공급하겠다고 하고 대구시민들에게는 영주댐과 안동댐으로 취수원을 옮기겠다고 한다. 여기에 드는 돈이 2조 2,000억 원으로 추산된다. 생각해보자. 물 부족을 해결한다고 맑은 물을 많이 모아둔다면서 왜 별도로 식수원 확보 계획을 세워서 추가로 댐을 만들까? 심지어 이렇게 4대강 토건공사 때문에 추가된 댐들은 지금 해당지역 주민들의 큰 반대에 부딪혀 있지 않은가.

2008년 12월 국토해양부가 발표한 '4대강 정비사업'에는 남강댐 건설이 들어가 있었는데, 2009년 6월에 발표한 '4대강 사업 마스터플랜'에서는 빠져버리고 별도의 '맑은 물 공급 사업'에 들어가 있다. 검토하다가 앞뒤가 안 맞으니까 뺀 것으로밖에 볼 수 없다. 결국 4대강 토건공사로 수질을 개선하고 물 부족을 해결한다는 당초 목적은 달성할 수 없다는 사실을 정부 스스로 인정한 꼴이다. 물 부족을 해결하기 위해 4대강 토건사업을 한다는 말은 믿기 어려운 거짓말이다.

4. 4대강 토건공사는 홍수를 예방한다?

정부는 4대강 토건공사를 해서 홍수를 막겠다고 한다. 그러나 최근 10년간 우리나라의 홍수피해는 4대강 본류가 아니라 상류에서 일어났다. 본류가 넘쳐서 홍수가 일어난 적이 없다. 한국방재협회의 발표에 따르면 우리나라 홍수피해의 3.6%만 국가하천, 즉 4대강에서 발생했다. 나머지는 지방하천과 소하천에서 발생했다. 4대강에서 태풍으로 제방이 무너진 적은 거의 없었다.

그림 14는 국토연구원 자료를 토대로 홍수피해지역과 4대강 토건공사지역을 표시한 것이다. 홍수피해지역과 4대강 사업구역이 전혀 다르다. 홍수피해를 막기 위해서라면 홍수피해지역에서 공사를 해야 하지 않나? 4대강은 하천정비가 2006년에 97% 완성되었다.[14] 쉽게 말해 4대강은 이미 홍수 대비가 끝났기 때문에 홍수가 잘 나지 않는 것이다.

또 본류에 많은 댐을 짓고 강바닥을 파는 것과 홍수를 막는 것과는 상관이 없다. 진정 홍수피해를 막으려면 피해지역인 상류의 산간 마을에서 산사태가 일어나지 않도록 사방공사를 해야 한다. 상류 지역에 빗물저장시설을 만들고 배수펌프가 제대로 작동하는지 점검하고, 물을 받아 쓸 수 있는 조그만 댐과 저수지를 만들어줘야 한다. 넘치는 도랑의 둑을 보수해 마을을 보호하고, 공사로 물길을 막아놓은 하천 범람지역을 원래 하천으로 돌려주는 일을 해야 한다. 노는 논밭은 빗물

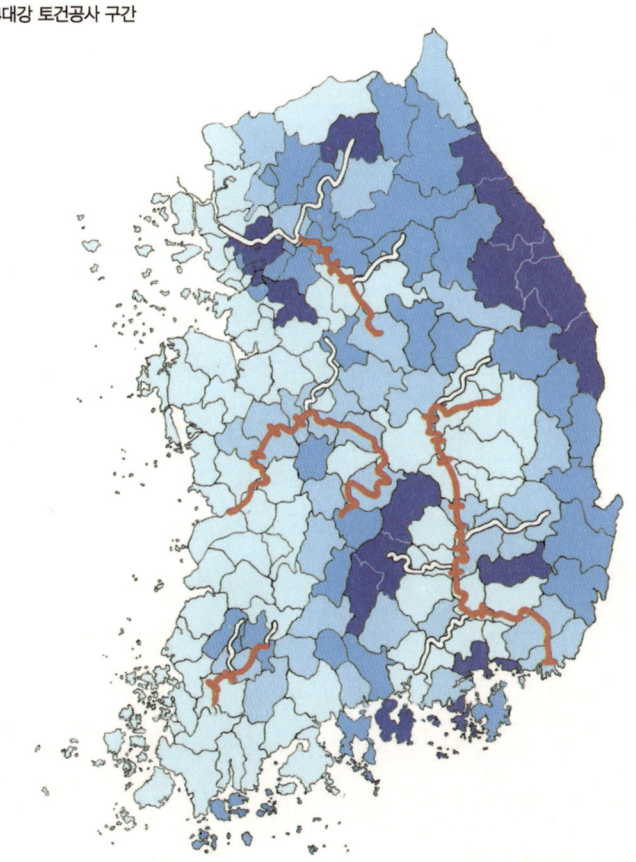

그림 14 최근 10년간 홍수피해지역과 4대강 토건공사 지역
자료 : 국토연구원,「기후변화에 대응한 지속가능한 국토관리전략Ⅱ」, 2009년.

저류지로 활용할 수 있어야 한다. 이미 빗물을 지하에 저장하는 공법 등의 기술도 많이 개발되어 있다.

4대강 토건공사는 홍수예방을 목적으로 한다면서 오히려 광범위한 농경지를 침수시키고 물난리를 일으킬 위험을 안고 있다. 4대강 토건공사로 많은 지역에서 강의 평소 관리수위가 주변 농경지와 주거지역보다 높아지고 있다. 계획홍수위는 훨씬 더 높아서 상주시의 경우 49.5m에 달한다. 상주시의 거의 모든 농경지가 계획홍수위의 아래에 놓이는 높이다. 본류의 수위가 높아지면 자연히 지류의 수위도 높아지고, 지류의 수위가 높아지면 지류로 흘러드는 도랑이며 하수도며 모든 물길의 수위가 높아진다. 그렇게 되면 앞으로는 펌프가 아니면 물을 배수할 수 없게 된다. 이는 대홍수를 예고하는 것이다. 강의 수위뿐만 아니라 많은 지역의 지하수위 또한 올려놓는 공사이기 때문에, 물이 강으로 빠지지 못해 침수 피해를 입을 가능성은 더욱 커질 것이다. 아무리 기술적으로 뛰어난 배수 계획을 세워도, 근본적으로 강의 수위가 땅바닥보다 훨씬 높기 때문에 물난리의 위험은 대폭 커지게 마련이다.

우리나라의 농경지를 비롯한 대부분의 토지 이용은 현재의 강 수위에 꼭 맞추어 이루어져 있기 때문에, 이러한 하천수위 변동은 강 유역의 모든 지천과 하수도와 배수시설까지 연쇄적으로 새로 공사를 해야 하는 상황을 초래한다. 이 공사를 다 하자면 사업비의 두 배 이상의 예산이 들어 막대한 경제적 부담을 안고 가야 할 것이다.

4대강 토건공사로 댐이 들어서면 근방에 안개가 늘어나고 일조량이 줄어 농작물 수확량이 크게 감소한다. 강물이 흐르는 동안은 수온과 대기 온도의 차이가 거의 없기 때문에 안개가 생기지 않는다. 그러

높아지는 수위.
영산강 승촌보의 관리수위(아래 표지판)가
이 교량과 동네보다 더 높다. 계획홍수위(위 표지판)
는 이 동네 모든 가옥의 지붕이 다 잠기는 높이다.
동네 사람들이 놀라자 나중에 이 표지판을 철거했다.
영산강 승촌보 상류 ⓒ전승수.

상주보의 관리수위 47m는 주위의 농경지가 다
잠기는 수위이다. 계획홍수위 49.5 m는 상주시
대부분의 농경지가 다 잠기는 수위이다.
낙동강 상주보 인근 ⓒ김정욱, 2010년 2월.

낙동강의 수위가 높아지면서 강의 제방을 높이
쌓아 올리고 있다. 제방 왼편의 농수로와 농경지는
하천 수위보다 낮기 때문에 앞으로 6m 정도
성토할 예정이다.
낙동강 상주보 ⓒ김정욱, 2010년 2월.

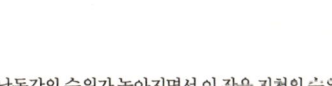

낙동강의 수위가 높아지면서 이 작은 지천의 수위도
올라가기 때문에 지천의 둑을 높이 쌓고 있다.
낙동강 상주보 인근 ⓒ지율스님, 2010년 2월.

사진3 농경지와 마을보다 높아지는 강 수위

나 댐 안에 물을 가득 채워놓으면 겨울에 물은 따뜻해지고 공기는 차가워져 물에서 수증기가 올라가 안개가 된다. 여름이 되면 물은 차고 땅이 더워진다. 그렇게 되면 더운 공기가 찬 호수 위를 덮어 공기가 유동하지 못한다. 그렇게 되면 올라간 수증기가 정체되어 안개가 그치지를 않는다. 결국 댐이 들어서면 여름 겨울 할 것 없이 사시사철 안개가 생긴다. 실제로 춘천은 소양댐이 생긴 1973년 이후부터, 안동은 안동댐이 생긴 1976년 이후부터, 충주는 충주댐이 생기면서 안개가 20%에서 30% 증가했다.

댐 건설과 농작물 수확량의 관계는 통계를 통해 드러나고 있다. 안동시 자료를 보면 안동 농민의 90%가 댐이 생기고 나서 작황에 피해를 봤다고 주장했다. 상주는 우리나라 곶감의 60%가 나오는 지역이다. 그런데 4대강 토건공사로 댐이 생기면 특히 곶감을 만드는 겨울철에 안개가 많이 끼게 된다. 상주가 곶감이 잘되는 이유는 겨울에 건조한 날이 많고 해가 잘 들기 때문이었는데 앞으로 곶감 농가에 피해가 예상된다.

홍수를 막겠다는 4대강 토건공사는 농경지를 침수시키고 일조량을 감소시켜 농사에 큰 지장을 초래할 사업이다.

5. 4대강 토건공사로 34만 개의 일자리를 창출한다?

정부는 4대강 토건공사로 일자리 34만 개를 만들 수 있다고 주장한다. 제시하는 통계도 제각각인데, 2009년 1월에는 예산 14조 원에 28만 개, 6월에 마스터플랜을 발표할 때는 사업비 22조 원에 일자리 34만 개로 추산했다.

지금 4대강 토건공사 현장에 가보면 사람은 없고, 포크레인과 덤프

트럭의 굉음만 요란하다. 요즘 대규모 공사는 중장비가 하지, 사람이 하는 게 아니다. 4대강 토건공사의 공사 내역을 보면 준설, 보 설치, 제방 보강, 댐 건설 등 대부분 사람 손이 필요 없는 단순 토목공사임을 알 수 있다. 그렇게 보면 4대강 토건공사는 '사람'을 위한 일자리가 아니라 건설회사가 보유한 고가의 '중장비'를 위한 일자리 창출이 아닌가 싶다.

국토해양부는 2010년 4대강 공사현장에서 직접 투입되어 일하는 인원이 5월 13일 현재까지 1만 364명으로 집계됐다고 밝혔다. 원래 정부가 약속했던 일자리 규모가 34만 명이다. 사업기간을 3년으로 잡을 경우 연평균 11만 3,000명이 되어야 하는데 정부의 약속과는 많은 차이가 난다.[15] 게다가 1만 364명 중 고용보험 적용을 받는 사람은 2,425명이고, 이 가운데 상용직이 130명, 일용직이 2,295명이다.[16] 국토해양부는 애초 한 사람이 1년간 지속적으로 일하는 일자리(상용직)를 기준으로 4대강 토건공사의 일자리 창출 효과가 34만 개라고 홍보했다. 그런데 지금까지 130개를 만든 것이다.

4대강 토건공사로 일자리를 만들겠다는 정부가 오히려 수많은 사람들의 삶의 터전과 생계수단을 빼앗고 있다. 정부가 국·공유지 하천 둔치에서 농사를 전면 금지해 2만 4,000명의 농민들이 일터를 잃게 됐다. 게다가 한국의 농가들은 보통 가족 전체가 농업에 종사하고 농가 1가구당 평균 구성원수는 2.61명(2009년 기준)이므로 가족을 포함해 최대 6만 4,631명까지 생계수단을 잃을 수 있다. 골재업체에서 일해온 노동자 약 700명도 실직자가 되었다.[17]

4대강 토건공사가 창출한다고 하는 일자리의 '질'에 대해서도 생각해보자. 한나라당 이한구 의원은 "경기부양이라 해서 다 좋은 것도 아니고 경기부양도 질이 있다. 토목 사업으로 하는 경기부양은 효과가 일시적이고, 일자리가 만들어져도 좋은 일자리는 잘 만들어지지 않는다. 토목사업이 주로 장비로 하기 때문에 옛날처럼 고용창출 효과가 별로 없다"고 문제점을 지적했다.[18]

이명박 대통령은 2009년 1월 2일, 신년 국정연설에서 "4대강 살리기로 일자리 약 28만 개를 창출할 수 있다. 같은 돈을 투자했을 때 제조업보다 2배 이상의 일자리를 창출할 수 있다"라고 말했다.

한국은행이 5년마다 정기적으로 조사하는 우리나라 산업연관표라는 통계를 보면 토목건설업이 만들어내는 일자리 수가 제조업보다 두 배가 많은 건 사실이지만 농업, 축산업, 도·소매업과는 비교가 되지 않을 정도로 적다. 일자리 창출을 위해 토목건설업에 투자하겠다는 말은 다른 산업과 비교해 봤을 때 틀린 말이다. 오히려 다른 산업에 투자해야 한다.

게다가 4대강 토건공사로 만들겠다는 일자리는 공사 기간이 끝나면 사라지는 임시직이 대부분이다. 이왕 일자리를 창출하려면 훨씬 더 보람 있고 효과적인 사업을 벌여야 옳다. 세계에서 가장 공부를 많이 하는 한국 젊은이들에게 지식을 활용할 수 있는 사업과 일자리를 만들어주는 데 투자를 하면 얼마나 좋겠는가? 4대강 토건공사는 20대 청년들과 여성들을 소외시키는 일자리 창출인 것이다.

미국의 오바마 대통령은 2008년 당선 직후 재생 에너지를 주축으로 하는 첨단산업과 소프트웨어산업 등에 매년 150억 달러를 투자해서 일자리 500만 개를 만들겠다고 발표했다. 이런 미래 산업의 일자리가 반영구적인 일자리이다. 대통령과 지도자들은 국가의 먼 장래를 바라보는 안목을 가져야 할 것이다.

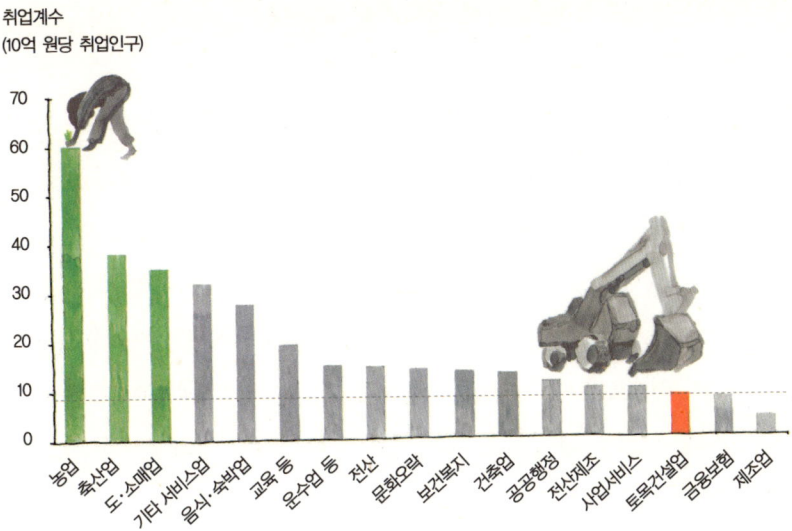

그림 15 산업별 취업계수
자료: 한국은행, 『산업연관표』, 2003년도 기준, 2007년 발표.

	투자액	투자처	일자리 수	영구직 / 임시직	기술직 / 노무직	일자리 쫓겨난 사람
오바마 대통령	15조 원/년	재생 에너지	500만 개	영구직	기술직	-
이명박 대통령	4.7조 원/년 (14조 원 ÷ 3)	하천정비	11만 3,000개 (34만 개 ÷ 3)	임시직	노무직	약 2만~7만 명

표1 이명박 대통령과 오바마 대통령의 일자리 정책 비교

정부 주장의 일곱 가지 허구 61

6. 4대강 토건공사는 하천 생태계를 살린다?

정부는 4대강 토건공사로 하천 생태계를 살릴 수 있다고 주장한다. 그러나 자연은 공사工事로 살리는 것이 아니라 스스로 살아나는 것이다. 살아있는 강을 살리겠다고 죽이는 것처럼, 살아있는 생태계를 살리겠다고 죽이는 것이니 이것도 거꾸로 된 말이다.

강의 가장 중요한 본성은 구불구불 흐르는 것이다. 구불구불 흘러야 물살이 빠른 데와 느린 데가 나타나고, 침식되는 곳과 퇴적되는 곳이 생겨나며, 그에 따라 수심이 깊은 웅덩이와 얕은 여울이 만들어진다. 이렇듯 다양한 물길이 흘러야 홍수가 나더라도 에너지가 분산되어 파괴력을 줄일 수 있다.

또한 유속의 차이에 따라 돌과 자갈과 모래와 미세한 입자의 펄이

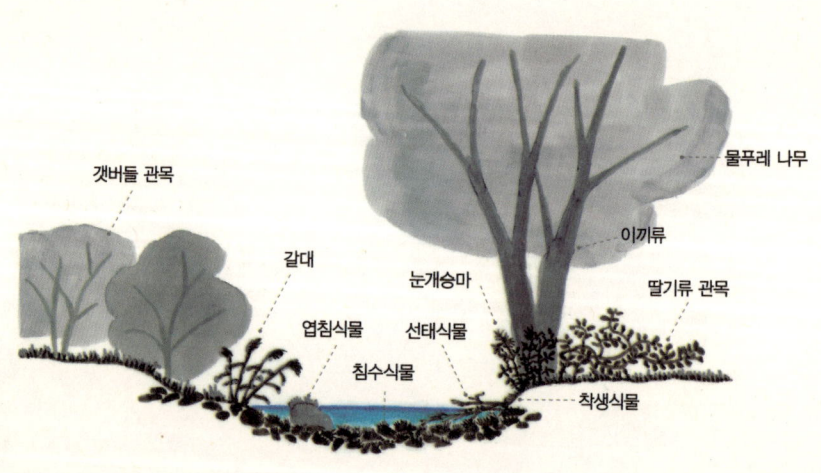

그림 16 **수변식생분포**

깔린 곳과 수초가 자라는 곳이 다 다르게 생겨난다. 벌레에서 물고기에 이르는 모든 수중 생물들은 이렇게 제각기 다른 곳에서 먹이를 찾고 산란을 하면서 강의 생태계를 유지하는 것이다. 이렇게 구불구불 흘러야만 강의 온전한 세계가 이루어진다.

강은 육지와 연결되는 곳이어서 여러 생물들의 왕래가 자유로워야 한다. 육지와 강을 직접 연결해주는 곳을 수변습지라 부른다. 육지에 사는 동물들은 물을 마시러 강가로 내려오고, 강에 사는 잠자리, 반딧불, 개구리와 같은 생물들은 수변습지를 거쳐 육지로 올라간다. 식물들도 차츰차츰 수변습지를 따라 육지로 올라가면서 제각기 살아갈 장소를 정해간다. 식물뿐만 아니라 모든 생물들의 생태계가 그렇게 이루어진다. 이런 강이 바로 위대한 자연의 강이며, 이러한 생태계가 건강

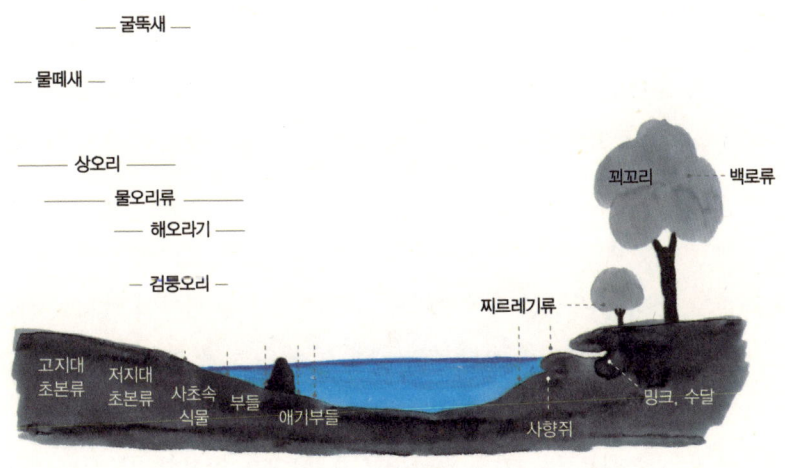

그림 17 수변식생과 동물분포

정부 주장의 일곱 가지 허구 63

한 강의 생태계이다.

4대강 토건공사는 물길을 직선으로 만들고, 콘크리트 둑을 쌓아 강과 육지를 단절시키는 것이다. 그리고 댐에 물을 가두어 썩게 해 생태계의 재앙을 초래할 것이다. 직선의 강은 범람하고, 고인 물은 썩어가며, 수많은 생물들은 살 곳을 찾지 못해 죽어갈 것이다.

사람이라고 예외는 아니다. 히포크라테스는 이렇게 말했다. "흐르는 강에 사는 사람들은 건강하고 총기가 있는데, 고인 웅덩이에 사는 사람들은 아랫배가 튀어나오고 이자가 부어 있더라."[19]

그림 19는 4대강 토건공사로 멸종 위기에 처한 생물들이다. 이미 멸종 위기종이나 천연기념물로 등재되어 있지만, 4대강 토건공사로 인해 일어날 생태계 변화가 이들의 생존에 결정적 영향을 끼치게 될 것이다.

4대강 토건공사는 특정한 생명체를 죽이는 집단학살genocide이다. 제노사이드genocide는 고의적으로 하나의 종족이나 인종을 파괴하는 범죄행위다. 우리가 잘 알고 있는 역사적 사실로 2차대전 당시 독일군이 유태인들에게 저지른 만행이 그것이다. 지구상의 고유한 유전자genes를 없애버리는cide 4대강 토건공사는 명백히 제노사이드genocide이다.

하나의 종種이 사라지는 것은 고유한 유전자가 지구에서 영원히 사라지는 것이고, 지구를 움직여왔던 하나의 고유한 역할이 빠지게 된다는 것이다. 그렇게 되면 생태계 전체에 영향을 끼쳐 후손들의 삶의 질은 우리보다 나빠지게 될 것이다.

우리는 숭례문 화재로 600년 역사의 상징을 잃었다. 이제는 4대강 토건공사로 이 땅의 오랜 생태계의 역사를 후손들에게 물려주지 못할지도 모른다.

자연하천
───────────────
구불구불(사행蛇行, meander)
여울과 웅덩이
강바닥의 자갈, 모래, 수초
수 생태계와 육상 생태계 연결
생물 다양성 유지

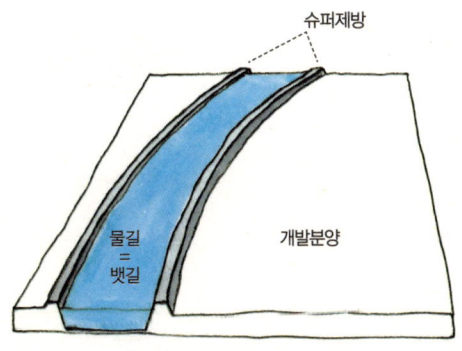

4대강 토건공사
───────────────
직선화
웅덩이
모래, 자갈 제거
둑으로 단절
오염된 웅덩이 생물만

그림 18 자연하천과 4대강 토건공사의 생태계 차이

묵납자루   흰목물떼새   수달

귀이빨대칭이   표범장지뱀   꾸구리

그림 19 **4대강 토건공사로 인해 멸종위기에 처한 생물**
자료 : 일러스트 ⓒ모모수.
표범장지뱀, 꾸구리 사진
ⓒ도서출판 다른세상.

정부 주장의 일곱 가지 허구

7. 4대강 토건공사는 강을 더 아름답게 한다?

정부는 4대강 토건공사로 강을 더 아름답게 만들 것이라고 주장한다. 우리나라 강이 얼마나 아름다운지 모르고 하는 말 같다. 여름에는 흐르는 물이 많고 겨울에는 물이 적어지고 강변이 넓어지는 한국의 강은 강변에 아름다운 모래사장을 펼쳐놓는다. 많은 사람들이 4대강 토건공사로 사라질 그 아름다운 풍광을 떠올리며 가슴 아파하고 있다.

사진 4는 자연하천과 굴포천 하천정비 현장의 사진을 비교해놓았다. 무엇이 아름다운가? 시멘트로 제방을 쌓아놓은 한강만을 보고 자란 아이들은 그것이 원래 강의 모습인 줄 안다. 한강에 은모래 금모래 빛 넓은 백사장이 있었다는 것도 알 리가 없다. 옛날의 한강 모습을 간직하고 있는 이들은 강이 파헤쳐지는 것을 보고 가슴이 메어진다고 하지만, 아이들은 느끼지 못한다. 아름다움에 대한 감수성과 지감각이 세대를 내려갈수록 협소해지는 것이다. 그것은 우리 인간성과 창의성의 폭 또한 협소해지는 것을 의미한다.

인류 문명이 강에서 시작되었듯이, 한반도 역시 강을 따라 오랜 역사와 문화가 형성되었다. '4대강 사업 마스터플랜'에 따르면 한강은 선사시대부터 내려오는 중심지로 선사 유적지 174개소, 온달산성 등 108개소, 나루터 158개소, 장시 149개소 등 구석기부터 신석기, 삼국시대를 아우르는 폭넓은 역사, 문화적 층위를 보유하고 있다. 금강은 서해와 내륙을 잇는 백제 문화의 중심지고, 영산강은 나루터 40여 곳을 비롯해 고인돌이 2/3 이상 분포하며 다양한 남도 문화가 있는 곳이다. 낙동강은 고대 가야와 신라의 전통적 역사, 문화 공간으로 가야 문화 유적 98개소, 고택 283개소, 국가지정 문화재 453개가 있다.[20]

그런데 정부는 4대강 공사 구간의 문화재 조사를 두 달 만에 끝내

ⓒ 김종욱

ⓒ 환경정의

사진4 자연하천과 하천정비한 굴포천

버렸다. 5.84km에 지나지 않은 청계천을 복원하는 데도 약 1년 2개월이 소요되었는데 청계천의 200배가 넘는 4대강 사업구간의 지표 조사는 두 달 만에 끝낸 것이다.

강가는 수많은 사람들의 삶의 모습이 켜켜이 쌓인 우리 토착 문화의 근거지이고 우리의 어제와 오늘을 연결하는 중요한 다리이다. 오래된 삶으로 돌아가는 길이 끊기면 미래를 위해 지속가능한 삶을 만들어가는 것도 영영 불가능해진다.

또한 우리 강에는 수만 년의 세월이 만들어낸 천혜의 비경들이 있다. 국가지정 명승 16호 회룡포, 세계자연유산에 등재될 예정인 하회마을, 지리산의 용유담과 천년 고찰 실상사, 영월 서강의 청령포가 대표적이다. 4대강 토건공사가 진행되면 이 중 많은 비경들이 위협을 받는다. 조상들로부터 물려받은 소중한 자산을 수장시켜서 영원히 없애 버릴 것인가.

나는 우리나라가 비대해지기보다는 비옥해졌으면 좋겠다. 그러기 위해서 강은 강다워야 하고 숲은 숲다워야 하며 바다는 바다다워야 한다. 도시, 산골마을, 농촌 모두가 나름대로의 특색이 있어야 한다. 그러나 지금은 도시의 불빛들을 깊은 강가로까지 가져와 모든 것을 똑같이 만들고 억지로 즐겁게 만들면서 돈을 더 쓰도록 하는 데만 몰두하고 있다. 많은 돈을 들여 휘황찬란하게 꾸며놓은 곳을 가면 처음에는 호기심이 생기지만 금방 지루해지고 불편해진다. 우리는 흐르는 강물을 보고, 바람 소리를 들으면서 무한한 기쁨을 느낀다. 돈을 들여서 꾸민 것보다 순수한 자연의 아름다움 속에서 깊고 오래가는 감동을 얻을 수 있다. 이 복잡하고 속도 빠른 시대에 고요하고 깊은 샘터 같은 곳이 더는 사라지지 않았으면 좋겠다.

지금까지 살펴본 4대강 토건공사를 추진하는 정부의 주장에는 공통점이 보인다. 명분으로 내세우고 있는 원인 진단이 완전히 거꾸로 되어 있고, 그 대책이라고 하는 것이 오히려 문제를 악화시키고 있다. 여기서 악화는 재앙으로 가는 과정의 이름표다.

4대강 토건공사는 강의 수위를 높여 홍수를 초래하고, 주변 지역을 침수시켜 농사를 망치고, 강의 생태계를 파괴해 수많은 생명체를 죽이고, 수질을 오염시켜 식수대란을 불러일으키고, 아름다운 우리 강토를 파괴할 것이다. 4대강 토건공사는 우리 모두의 미래를 위협하는 대재앙이다.

4대강 토건공사 문제의 압축판, 경인운하

경인운하는 4대강 토건공사의 문제점을 고스란히 다 갖고 있는 대표적인 공사이다.

김문수 경기도지사는 경인운하가 바로 자신이 이명박 대통령에게 제안한 한반도 대운하 5단계 추진방안 중 제1단계 전략이라고 말했다.[21] 원래 경인운하는 굴포천의 홍수를 막는 방수로 공사로 시작되었다. 이왕 파는 김에 운하를 만들겠다고 하다가, 타당성이 없다고 판명되어 다시 '굴포천 방수로'로 돌아갔다가, 또다시 '경인운하'로 왔다 갔다 한 사업이다. 방수로와 운하는 완전히 반대되는 사업이다. 방수로는 수로의 수위를 낮추어 지상의 물이 흘러 들어오게 해야 하고 운하는 반대로 수위를 높여야 한다. 방수로 공사를 한다고 했으나 실제로는 경인운하의 애초 계획과 똑같이 하폭을 80m로 만드는 것으로, 결국

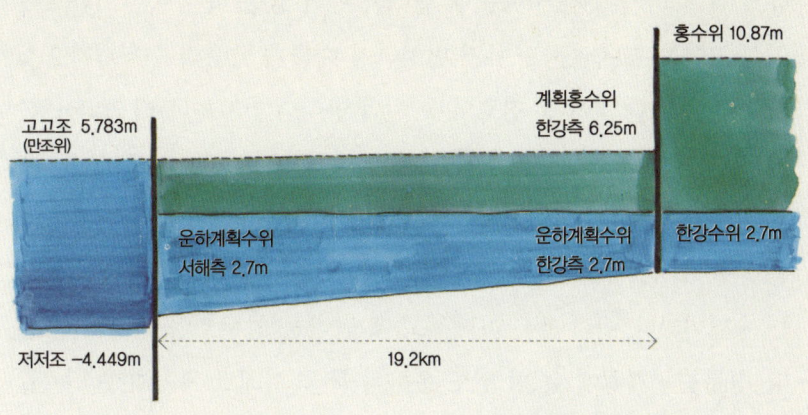

그림20 경인운하의 갑문 및 홍수 배수계획
평상시 운하의 물은 전혀 흐르지 않는
고인 물이다. 홍수가 나도 물이 빠질 곳이 없다.
자료 : 한국수자원공사, 「수도권 수송체계
개선을 위한 경인운하 건설방안」, 1995년.

속셈은 운하에 있었다는 것을 알 수 있다.

경인운하는 많은 문제점을 가지고 있는 사업이다. 첫째로 배수 문제에 대책이 미비하다. 경인운하의 갑문 및 홍수 배수계획을 보면, 한강의 계획홍수위가 경인운하의 계획홍수위보다 4.62m나 높아서 한강으로는 물을 뺄 수가 없다. 서해 갑문의 만조위가 5.783m이고 운하의 한강쪽 계획홍수위가 6.25m로, 그 수위 차가 0.47m밖에 되지 않아 서해쪽으로도 제대로 배수를 할 수 없다. 게다가 운하는 물을 항상 채워두어야 하기 때문에 배수 문제는 훨씬 심각하다.[22]

두 번째로 심각한 게 수질 문제다. 흘러가는 강물에서는 해로운 조류가 잘 자라지 못하기 때문에 질소와 인의 양을 따지지 않지만, 2주 이상 고이는 곳에서는 조류가 번성하기 때문에 호수의 수질평가요소 중 가장 중요한 것이 총 질소와 총 인의 양이다. 1994년부터 2009년까지 지난 16년간 한강 김포 신곡의 수질은 평균 총 질소가 7.92ppm으로, 1.5ppm 이하인 5등급에조차 엄청나게 벗어나는 수질이었다. 평균 총 인은 0.37ppm으로, 역시나 0.15ppm 이하인 5등급을 한참 넘어서는 수질이었다. 이런 물은 아예 호수에 받아둘 엄두조차 내서도 안 된다. 정부는 6개월에 한 번 정도 운하의 물을 서해로 씻어내겠다는 말을 했는데 그러면 서해 생태계에 큰 피해를 줄 것이다. 현재 방수로 공사가 이루어진 수로는 벌써 심각하게 오염되었다. 심한 녹조현상이 벌어지고 죽은 물고기들이 떠오르고 있다. 이런 상태라면 앞으로 어떠한 특단의 대책을 세워도 수질 개선은 어렵다. 물을 채워 넣을수록 수질 오염은 더 심각해질 것이다.

세 번째로 경인운하는 인근 농경지에 염수피해를 일으킬 것이다. 겨울에 굴포천이 한 달 이상 얼어 있자 정부는 결빙을 방지하기 위해 운하를 바닷물로 채우겠다고 한다. 그러나 바닷물이 지하수를 통해 인근 농경지로 스며들면 농작물은 염수피해를 입게 된다. 농작물은 보통 염도 0.05%만 되어도 피해가 나타난다. 그런데 바닷물의 염도는 3%가 넘기 때문에 염수피해의 우려가 크다.

정부는 경인운하를 이용하면 서울 용산에서 중국까지 바로 배를 타고 갈 수 있다고 선전했다. 이는 당치 않은 말이다. 서해 갑문 바깥쪽은 간조가 되면 물이 빠져 땅바닥이 드러난다. 한 번 물이 빠졌다가

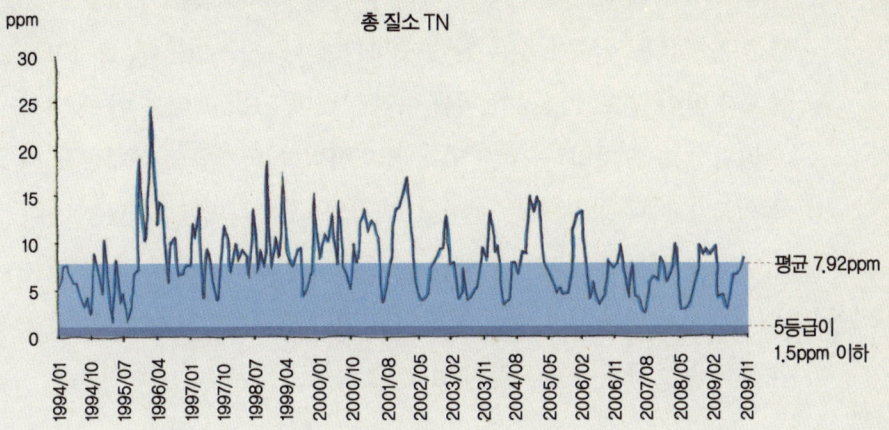

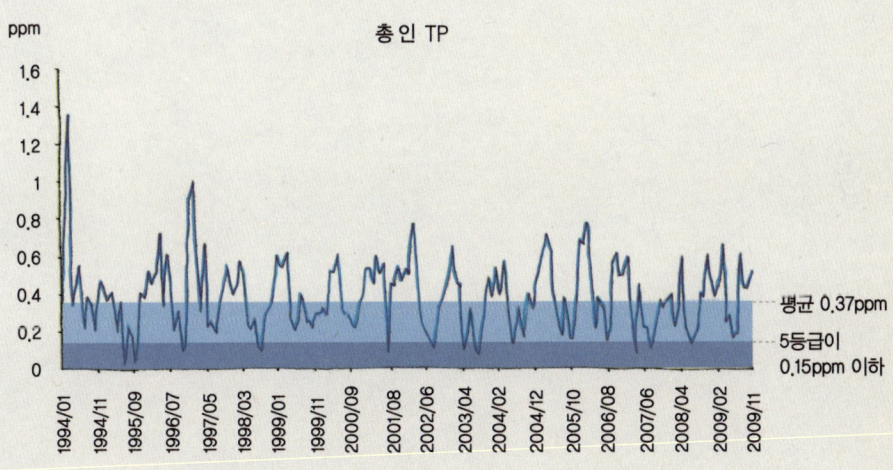

그림 21 **경인운하 유입수의 수질**
김포 신곡의 수질. 총 질소와 총 인, 모두 5등급을 넘어서고 있다.
자료: 환경부, 2010년.

다시 들어올 때 12시간 반을 기다려야 한다. 이렇게 얕은 운하를 이동하는 평저선은 날씨가 좋은 날에나 바다에 나갈 수 있는데, 그마저도 연료가 많이 들고 보험료가 비싸 이익도 낮다. 그리고 배는 아무 데서나 띄워서 아무 나라나 갈 수 있는 것이 아니다. 국제항으로 개항을 해야 외국으로 나갈 수 있는 것이고, 외국의 배도 들어올 수 있는 것이다. 지금도 인천에서 5만t급 배를 타고 중국까지 편안하게 갈 수 있는데, 구태여 용산에서 5천t급 배를 타고 멀미까지 하면서 비싼 돈을 들여 중국을 오가겠다는 사람이 있을까?

"내일 죽더라도 씨앗자루를 베고 죽겠다"
팔당 유기농단지에서 5대째 농사짓는 정정수 씨

정정수(67) 씨는 팔당 유기농단지 송촌리에서 할아버지 때부터 농사를 지었고 지금은 손자도 농사를 짓고 있으니 5대째 한 곳에서 농사를 지어온 셈이다. 1966년에 팔당댐이 들어서면서 1만 평의 농지 중 반토막이 사라졌고, 이번 4대강 토건공사로 5,000평 농지가 또 다시 반토막이 날 위기다. 〈대학생나눔문화〉의 김재현 군이 인터뷰를 했다.

조만간 농사를 못 지을 수 있는데 씨앗은 왜 뿌리세요?

농사라는 게 씨 뿌리고 가꾸고 거둬들이고 이게 농사지 뭐. 농사꾼이 땅이 있어야 먹고사는데 땅이 없어진다고 하니까 암울해. 농사꾼은 내일 죽더라도 씨앗자루를 베고 죽는다는 말이 있어. 농사꾼은 씨앗을 뿌려야 돼. 오늘 뿌렸다 내일 가는 한이 있더라도 뿌려야 돼. 없어질 때 없어지더라도 적당하게 농사지으면 안 돼. 없어질 때 없어지더라도….

땅이 있어도 씨앗이 없으면 소용없는 거 아닌가? 씨앗이 있는데 땅이 없어도 마찬가지고. 농민과 씨앗은 가장 가까운 관계야. 농사꾼이라면 씨앗을 가장 중요시 여겨야 해.

4대강 공사 때문에 씨앗을 뿌려야 하냐 마냐 하는 소리도 있는데, 그런 얘기도 있잖아. 내일 지구가 망해도 한 그루의 사과나무를 심겠다고.

옛날에는 어떻게 농사를 지으셨어요?

옛날에 논농사 지었어. '갈잎(참나무잎)을 꺾는다'는 말이 있지. 산에 올라가 갈잎을 모아다가 논에다 거름을 하는 거야. 비료가 없을 때지. 그게 질소를 생산하기 때문에 그걸 갖다가 농사를 짓는 거야. 산에 지게를 지고 왔다 갔다 하는데 하루에 열여섯 번까지 갔다 온 적이 있어. 나뭇가지를 통째로 꺾어다가 빼짝 마르면 갈아엎어. 소에다가 가래를 매가지고 잡아당기면서 논을 가는데 그걸 하면 다리가 다 까지지. 흙 속에 있는 나뭇가지에 다리가 긁혀서 피가 줄줄 나고 진물 질질 나고 그 다음날 또 갈러 가는 거야. 그렇게 논농사를 지었는데 지금 젊은이들은 굶어 죽어도 못할 거야. 지금은 나라도 안 하겠지. 하우스농사를 처음 할 때는 하우스 안에 소를 끌고 와서 흙을 갈아야 했어. 지금은 트랙터로 가는데, 농사가 많이 발전되고 편해졌는데도 지금 젊은이들은 이것도 힘들다고 그래.

그렇게 힘든데도 농사짓는 게 재미있으신가요?

그냥 내 농토 가지고 이렇게 공을 들이면 거기서 소득이 나오니까. 뭐 간단한 거 아닌가? 내가 노력을 들인 만큼 나오니까. 그게 나만 좋은 게 아니라 다른 사람들을 먹여 살리잖아. 힘들어도 보람이 있어. 직장 가봐. 언제 잘릴지 몰라 힘들잖아. 여기서는 그럴 일 없지. 지금은 젊은이들도 나가서 살기 어려운 시대가 돼버렸어. 그러다 보니까 여기에 농지가 있는 사람들은 친환경이다 유기농이다 해가지고 새로운 방식으로 농사를 짓다 보니 젊은이들이 고향으로 돌아왔어. 귀농을 한 거지. 그 모습들이 보기 좋아. 늙은이들만 살던 마을인데 젊은이들이 열댓 명 들어와서 같이 농사짓고 하니까 아주 좋지. 아무 연고도 없이 여기로 귀농한 사람들도 있어. 다들 자식 같아. 큰아들 또래야. 인환이, 요왕이, 그 친구들 막상 와서 잘 살고 있는데 땅을 뺏겨야 하니까, 그런 애들이 시골 좋다고 찾아왔는데 이제는 못 살게 됐다고 하니까 그게 걱정이지.

정부의 '4대강 살리기' 사업에 대해서는 어떻게 생각하세요?

4대강 살리기? 속된 말로 정신이상자지. 정신 올바로 배힌 놈들이 그러겠어? 농사짓는 땅을 빼앗아서 자전거도로를 만들겠다는 발상 자체가 정신없는 짓이지.

공무원들이 뭐 설명회를 온다 안 온다 그러는데 그런 소리가 들려오면 농민들은 불안해. 드디어 때가 왔구나. 떳떳한 사업이고 떳떳한 설명회고 떳떳한 계획이라면 사람을 왜 피해 다녀. 왜 우리 농민들을 외면하는 거야.

정치를 잘못해서 이렇게 됐겠지? 가정도 아버지가 살림을 잘못하면 집안이 망하는 것처럼 나라도 나라님이 잘해야 하는데. 4대강 개발 사업을 한다는 발상 자체가 잘못된 거야. 물 부족 자꾸 그러는데, 생각을 해보자고. 물이라는 게 어느 근원이 있어서 흘러나오는 거 아닌가? 예를 들면 하루에 북한강에서 100t이 나온다고 생각해봐. 그런데 강바닥을 암만 파봤자 100t밖에 더 나오겠냐고. 그대로 두고 좀만 줄이면 잘 먹을 수 있는 건데. 사람이 욕심을 부려서 많은 걸 얻으려고 하면 있는 것마저 잃게 돼. 저기에 이상한 사람들 들어서면 저기 다 쑥대밭 된다고. 가만 놔두면 잘 사는데….

팔당댐 지을 때는 5,000평 수용돼서 땅 절반이 날아갔지. 이번에도 수용되면 또 절반이 날아가고. 그때는 국책사업이니까 그냥 당연하게 생각하고 보상받고 끝났는데 지금 와서는 다른 거야.

어떤 사람이 정치를 할 때는 유기농사라고 이걸 지원해놓고 어느 순간에 와서는 잘못됐다고 하고. 이걸 육성할 때는 수질도 개선되고 땅도 좋아지고 산사태도 줄어들고 좋은 농사니까 보조금도 주고 융자도 주고 장려했거든. 그런데 어느 날 갑자기 4대강 개발사업이다, 뭐다 하면서 친환경농사 짓는 사람들이 수질을 오염시키는 범법자라 그러는 거야. 어떤 사람이 정치할 때는 수질을 깨끗이 한다고 장려하고 어떤 사람이 와서는 수질을 오염시킨다 그러고.

그래서 내가 그랬어. 유기농을 하기 전 수질과 후 수질을 검사를 해봐라. 그러면 답이 나올 거 아니냐. 여기 수질이 가장 좋아. 그런데 왜 우리를 수질을 오염시키는 주범으로 모냐고. 대통령을 잘못 뽑은 거지. 토목공사를 하던 사람이니까. 평생을 그것밖에 더 했겠어? 4대강 사업 잘못했다간 큰 재앙이 일어나. 강을 가지고 저렇게 파괴하면.

도시에 사는 분들께 특별히 하시고 싶은 말씀이 있으세요?

서울 사람들은 땅의 귀중함을 몰라. 자신이 직접 뿌리고 가꾸고 해야 하는데 돈 있으면 사먹고 다 돈으로 알지. 이 땅이 생명을 기르지만 이게 어떻게 나오는지 모르잖아. 서울 사람들이 벼를 쌀나무라고 해. 영어 가르치는 선생이 쌀나무가 어떤 거냐고 물어보더라고. 벼라는 게 정미를 해야 쌀이 되는데 그냥 벼에서 쌀이 바로 나오는 걸로 알았다는 거야. 그 사람이 대학 나오고 배울 만큼 배운 사람인데 그렇게 모르더라니까.

땅에 대한 소중함을 모르는 거야. 우리나라 도로가 참 잘 돼 있어. 우리나라 땅은 다 길바닥으로 들어가고 아스팔트로 들어가고. 앞으로 어떻게 살지 몰라. 곳곳마다 도로며 아파트 세우고. 국토가 다 도로로 빠지고 아파트로 빠지면 농토가 없어지는데 나중에 곡물을 외국에서 사 들여 올 때 그거 어떻게 될지 참 앞날이 깝깝해. 지금은 곡물시장 가격이 싸서 마음대로 하고 있지만 앞으로 우리나라 땅 다 없어지고 세계 곡물시장 가격이 벼락같이 올라가면 그제야 정신을 차리겠지. 그땐 이미 늦는데….

3. 해외에서 본 우리 강의 미래

운하는 세계적 사양 산업

나는 그동안 여러 차례에 걸쳐 해외의 운하들을 현장 조사한 바 있다. 특히 선진국들의 상황은 어떤지 궁금했다. 정부는 대운하를 이야기할 때마다 선진국의 사례를 말해왔다. 나는 이 현장 조사를 통해 4대강 토건공사가 가져올 우리나라 강의 모습을 보게 되었다.

이명박 대통령은 '세계적 관광명소'인 독일의 MD운하를 벤치마킹 했다고 말했다. MD(Main-Donau)운하는 마인 강Main River과 도나우 강Donau River을 연결하는 운하이다. 2007년 6월, 나는 MD운하에서 가장 큰 항구 도시인 뉘른베르크를 찾았다. 반나절을 기다렸지만 화물선은 한 척도 볼 수 없었다. 적재된 컨테이너 화물도 하나도 없었다. 암스테르담에서 비엔나까지 가는 데 14일이 걸린다는 유람선 한 척만이 강가에 정박해 있었다. 터미널은 부두도 따로 없어 경부운하 홍보물에서 보았던 터미널과는 전혀 딴판이었다. 부대시설로는 강 옆에 자

사진 5
독일의 MD운하를
벤치마킹한 경부운하
홍보물의 물류단지

사진 6
독일 MD운하의
뉘른베르크 항구
배를 잡아 매는 쇠고리
들이 녹슨채 놓고 있고
잡초만 무성하다.
촬영 : 2007년 6월.

사진 7
미국 미시시피 운하의
세인트루이스 항구
외국인 관광객은
한 명도 없다.
촬영 : 2007년 5월.

전거 도로 폭 정도의 콘크리트 길 하나가 전부였다. 미국의 미시시피 운하를 갔을 때도 외국인 관광객은 우리밖에 없었다.

MD운하를 추진했던 바이에른 주지사 슈트라우스는 "시작만 하지 않았어도 운하를 건설하지는 않았을 것"이라고 후회했다. 그는 과거 "때려 죽여도 운하를 건설하겠다"고 고집을 부렸던 주지사이다. MD운하 건설 10년 후인 2002년, 독일 언론은 "주운용舟運用으로 건설한 운하가 그 목적을 달성하지 못하고, 세계에서 가장 비싼 비용을 들여 건설한 여가용 운하"라고 강하게 비판했다. MD운하는 현재 통행료 수입이 총비용의 7%밖에 되지 않아, 바이에른 주의 재정을 거덜 내는 애물단지가 되어있다.[23]

미국의 가장 큰 운하도시인 세인트루이스는 19세기 말까지 중서부 제일의 도시였다. 미국 최초로 올림픽과 세계박람회를 개최하는 기염을 토했던 곳이다. 하지만 지금은 다니는 배도 별로 없는 썰렁한 도시로 전락했다. 2007년 5월 세인트루이스를 방문했을 때, 역시 반나절을 기다려 보아도 배 한 척 들어오는 것을 볼 수 없었다. 화물 터미널은 강 가운데에 부선을 띄워놓은 것이 전부였다. 몇 안 되는 관광객을 태운 유람선만 한심하게 왔다 갔다 할 뿐이었다.

내가 찾아갔던 외국의 운하도시에는 한반도 대운하 홍보물에 있던 커다란 컨테이너선도, 호화찬란한 여객선도, 두바이같이 솟아오른 고층빌딩도 없었다. 물은 몹시 더러웠다. 배가 운하에 한 번 들어가면 아무리 빨리 운항해도 보름은 걸린다. 청소하고 빨래하고 밥하고 화장실에서 쓴 물이 버려지고, 기계의 윤활유가 흘러나온다.

더욱이 운하 사고가 발생하면 독극물이 쏟아지고 컨테이너가 무너져 내린다. 2001년 독일 운하에서는 선박 화재와 탱크 균열로 약 800t

사진 8
독일 라인 강 선박 화재 사고
2001년 11월 21일, 독일 라인 강 크레펠트-웨딩겐 바이엘 하역장 앞, 네덜란드 국적의 탱커선 슈톨트 로테르담에서 화재와 탱크 균열로 약 800t의 농축 질산 유출.
자료 : 안병옥, 「경부 운하는 대한민국 파산 프로젝트」, 2007년.

사진 9
2007년 4월, 독일 라인 강의 컨테이너 화물선 사고 현장
자료 : 안병옥, 「경부 운하는 대한민국 파산 프로젝트」, 2007년.

의 농축 질산이 유출되는 대형사고가 발생했다. 이명박 대통령이 운하를 만들어 물을 깨끗하게 하겠다는 것은 어불성설이다.

운하는 세계적으로 사양 산업이다. 유럽의 섬나라와 반도국가들에서 운하 물동량은 모두 0%이다.[24] 과거 유럽은 역사적으로 거의 모든 국가에서 운하를 만들어 이용해왔지만, 기차가 달리고 자동차가 다니고 비행기가 나는 지금은 그 역할이 필요 없어졌기 때문이다. 일본도 2차 세계대전 이후부터 운하에 배가 한 척도 오지 않기 시작했다. 지금은 운하에 레스토랑을 짓고 보트를 띄우고 공원을 만들어서 관광객을 오게 하겠다는 '운하 르네상스' 운동을 벌이고 있다.[25]

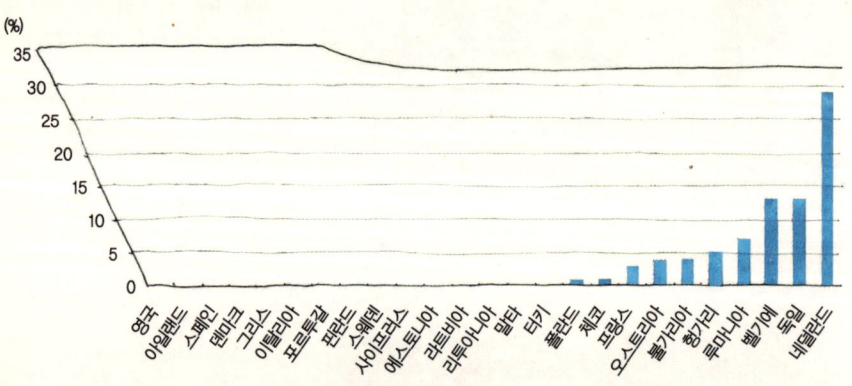

그림22 유럽의 운하 물동량
섬나라와 반도국가들은 운하 물동량이 0%이다.
자료 : European Commission, 2006년.

플로리다 반도의 참사

운하는 경제적으로 가치가 없을 뿐 아니라, 돌이킬 수 없는 자연재앙을 불러일으킨다. 강의 수위를 올리면서 홍수가 범람했고, 댐으로 가둔 물에는 조류가 번성하고 수질 오염이 심각해졌다. 자연스럽게 흐르는 강의 전 구간을 웅덩이로 만들어 하천 생태계를 파괴했을 때 어떤 재앙이 일어나는지 미국의 플로리다 운하가 생생하게 보여준다.

원래 플로리다 반도의 강은 구불구불 자연스레 흐르는 강이었다. 미국은 남북전쟁 이후, 강을 저렇게 내버려두지 말고 하천을 정비하고 운하를 만들어 그 물을 이용해 농사도 짓고 개발도 하자는 계획을 세웠고, 1920년대에 하천 대개발이 시작되었다. 남한 면적의 3/4 정도 되는 플로리다 반도의 구석구석을 운하로 연결하기 위해 구불구불한 강을 직강화했고, 강 길이는 절반으로 줄였다. 수심 1m도 안 되던 강을 수심 10m 이상으로 만들기 위해 강바닥을 파냈다. 댐과 갑문을 설치해 전기로 수문을 열어야만 물이 흐르도록 만들었다.

1928년에 공사가 완공되었다. 그러나 완료되자마자 홍수가 범람해 2,500여 명이 죽는 참사가 발생했다. 운하에는 항상 물을 채워놓아야 하기 때문에, 반도 자체가 거대한 운하가 되면서 홍수 때마다 범람하는 것은 당연한 결과였다. 그렇게 몇 차례 홍수가 나자 운하 전역에 6m 높이의 둑을 쌓았다. 그러나 이것은 또 다른 재앙을 가져왔다. 물과 육지가 단절되면서 물에 부영양화가 일어나고 수중 생물들이 사라지면서 물새가 90~95%나 사라졌다. 사슴과 거북 등 척추동물도 80~90%가 사라졌다. 또한 강과 육지가 단절되면서 키가 엄청 큰 초본류들이 나타나는 등 식생에 큰 변화가 나타났다.

적조가 발생해 지역 관광산업이 타격을 입고 용수 공급에도 문제가 생겼다. 토양 유실은 정말 심각한 문제가 되었다. 토양이 산화되어 비에 씻겨가고 바람에 날려가서 1.5m 두께의 토양이 사라졌다. 그런 추세로 계속 유실된다면 20~30년 후에 플로리다 반도에는 토양이 하나도 남지 않을 것이라는 예측이 나왔다. 플로리다 운하에는 가끔 요트가 다닐 뿐 화물을 실은 배는 찾아볼 수 없고, 후유증만 심각하게 남아 하천복원 공사를 진행하게 되었다.

사진 10
운하 공사 이전 키시미 강
자료 : 내셔널 지오그래픽.

사진 11
운하 공사 이후 키시미 강
자료 : 내셔널 지오그래픽.

1990년부터 플로리다 주정부와 연방정부는 플로리다 운하의 대표적 강인 키시미 강을 복원하고 있다. 그러나 완전한 복원은 이미 불가능하다. 복원 공사는 옛날의 물길을 찾아 원래대로 돌려주는 것인데, 키시미 강의 복원 공사는 운하 수로는 그대로 둔 채 운하 옆의 몇몇 옛 물길을 찾아 물을 조금 흘려보내는 정도이다. 강을 직선으로 만들고 바닥을 10m 깊이로 팠으니 완전한 복원이 쉽게 되겠는가?

  키시미 강을 운하로 만드는 데 3,000만 달러의 예산이 들었다. 그러나 복원 공사에는 그 10배인 3억 달러의 예산이 들었다. 에버글레이즈 습지는 앞으로 30년간 100억 달러를 들여 복원하겠다고 했다. 이는 클린턴 대통령 시절 특별법을 만들어 사전조사 연구에만 14억 달러를 배정한 후 시행된 것이다.

  운하나 하천정비 공사는 재앙이 일어나도 원래대로 복구가 불가능하다는 교훈을 플로리다 운하의 사례가 말해주고 있다. 강에는 함부로 손대는 것이 아니다.

중국의 슬픔, 황허 강黃河

  중국에는 춘추전국시대부터 "강을 관리하는 데 하책은 물길을 돌리는 것이고, 중책은 둑을 쌓는 것이며, 상책은 그대로 두는 것"이라는 말이 있다. 중국은 수천 년간 '중책'을 택하여 황허와 양쯔 강을 다스려 왔다. 해마다 둑을 쌓아 올리고, 강변을 개발하고, 강물은 농지 관개에 사용했다. 그 결과, 지금 황허와 양쯔 강은 하늘 위를 흐르는 고가 하천이 되었다. 양쯔 강 유역의 우한武漢 시는 중국이 개방되기 이전에는 가장 높은 빌딩 꼭대기의 높이가 양쯔 강 밑바닥보다 낮았다고 한다.

중국은 황허의 강물을 쓰지 않고 바다로 흘려보내는 것이 아까워 강물의 52.2%를 사용해왔다. 이렇게 과도하게 사용하여 1972년 이후부터 황허의 강물은 말라버려 바다에 이르지 못하는 날이 허다하다. 강물이 바다까지 흘러가지 않은 날은 1997년에 무려 227일이나 되었다. 무리하게 강물을 끌어 관개농사를 지어온 탓으로 황하 유역의 농지는 재앙을 맞았다.

2,300년 전 순자荀子는 다음과 같이 말했다.

내가 진秦 나라에 들어가니
산림이 무성하고 계곡이 아름다우며
천연자원이 풍성하더라.

「강국편彊國篇」

곡식을 생육하되
손질만 잘하면 고랑마다 가득 수확할 수 있고
어류는 계절마다 떼를 지어 흐르고
새들은 해상의 구름처럼 번식하고
곤충 만물이 다 그 속에 있어
먹을 것은 얼마든지 있다.

「부국편富國篇」

2,000년 전까지만 해도 절반 이상이 울창한 밀림이었던 황허 유역의 땅은 현재 산림면적이 5%도 안 되는 사막이 되어버렸다. 황무지가 된 이곳의 흙이 매년 16억t씩 바다로 흘러간다. 그 어마어마한 양의 흙이 매년 바다 쪽으로 1km씩 땅을 만들어나가고 있다. 이대로

사진 12 황허黃河인가, 훙허紅河인가
매년 16억t의 토사가 하구에 퇴적되어
매년 1km씩 땅이 바다로 나간다.

자료: http://www.carto.net/neumann/travelling/china
_tibet_2001/12_flight_to_tibet_lhasa/04_yellow_river.jpg

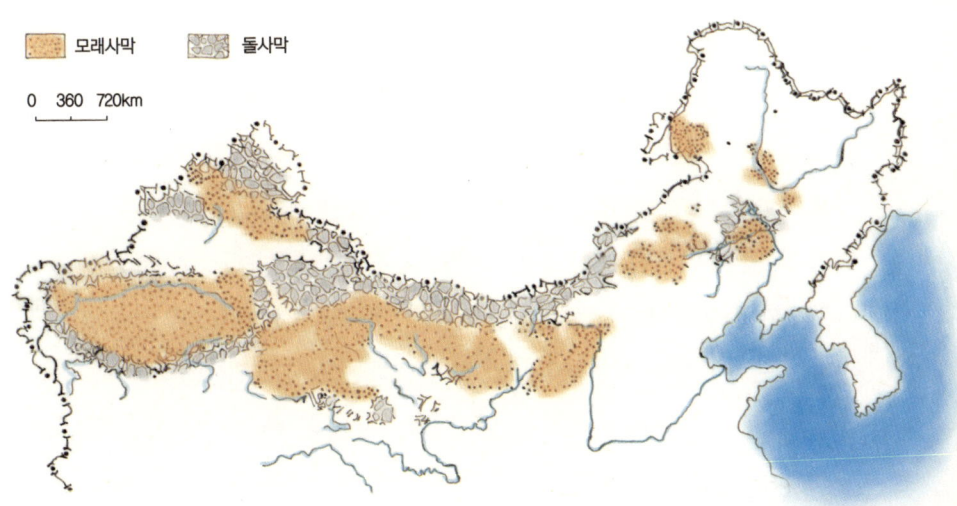

그림 23 중국 북부의 사막화
2,000년 전까지는 황허 유역의 절반 이상이
밀림이었으나 지금은 산림면적이 5%도 안 된다.
자료: 류제헌, 『중국 역사 지리』, 문학과 지성사, 1998년.

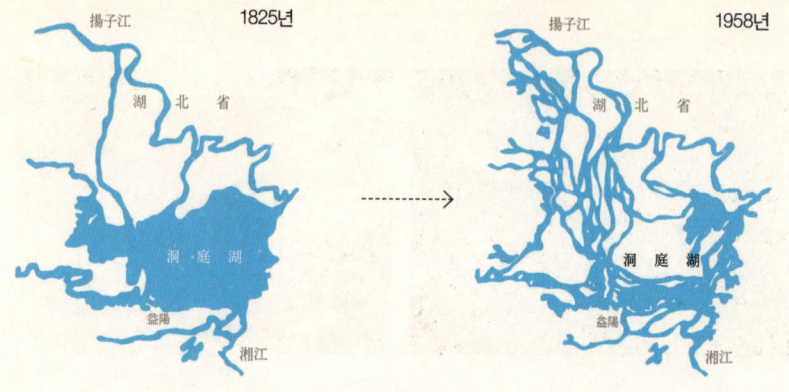

그림24 둥팅 호, 거대한 호수에서 사막으로
양쯔 강 유역의 둥팅 호는 남한 절반 크기가 되는
거대한 호수였으나, 지금은 거의 말라버렸다.

200~300년만 지나면, 한국에서 중국까지 걸어갈 수도 있을 것이다. 양쯔 강 유역의 둥팅 호洞庭湖는 남한의 절반 크기가 되는 거대한 호수였으나, 물을 너무 많이 써온 탓에 지금은 거의 말라버린 형편이다.

황허와 양쯔 강에 쌓아온 거대한 규모의 둑은 그보다 더 거대한 자연의 힘 앞에 번번이 무너졌고, 그때마다 수백만 명이 희생된 참사를 일으켰다. 황허의 둑은 근래에 들어서만 1887년과 1931년, 1938년에 터져서 매번 100만 명 이상 400만 명까지 죽는 참사가 벌어졌다.[26]

황허는 고대 중국의 문명을 탄생시킨 '중국의 축복'이었으나, 역사적으로 하천을 잘못 다스려온 결과 지금은 '중국의 슬픔China's Sorrow'으로 불린다. 지금까지 엄청난 재앙을 불러일으켰던 외국의 하천공사를 보면 4대강 토건공사와 공사 내용이 거의 같다. 정부의 4대강 토건공사는 세계의 불행한 강의 역사를 뒤따르려는 것이다.

4. 누가, 왜 추진하는가?

4대강 토건공사, 이 사업을 추진하는 사람들은 누구인가? 왜 추진하는 걸까? 4대강 토건공사가 강행되었을 때 우리 사회에 끼치는 영향은 무엇일까? 이 '파괴의 강' 심연에는 더욱 본질적인 것들이 흐르고 있다.

대통령부터 법을 지켜라

4대강 토건공사라는 단군 이래 최대의 공사를 벌이면서, 정부는 적법한 절차를 하나도 거치지 않았다. 지금 대한민국은 무법천지나 다름없다.

환경정책기본법에 의하면, 전 국토에 영향을 미치는 사업은 사전환경성검토를 실시하게 되어있다(제25조). 이를 위반하여 공사를 한 자는 1년 이하의 징역 혹은 1,000만 원 이하의 벌금에 처하며(제43조), 협의 절차가 완료되기 전에 시행한 개발사업에 대해서는 공사중지명령, 원

상복구 등을 요청할 수 있고(제27조), 이 명령을 이행하지 않으면 5년 이하의 징역 혹은 5,000만 원 이하의 벌금형에 처한다고 되어 있다(제42조). 국가재정법에서는 이런 사업을 하려면 예비타당성조사를 해야 한다고 규정되어 있고(제38조), 하천법에는 수자원장기종합계획 수립(제23조), 유역종합치수계획 수립(제24조), 하천기본계획 수립(제25조)을 의무화하고 있다. 그러나 이명박 정부는 이런 절차를 하나도 거치지 않고 착공식을 했다.

그리고 정부는 환경영향평가 보고서를 쓰고 보완하고 협의과정을 거치는 모든 과정을 단 4개월에 끝내버렸다. 작은 도로를 건설하는 데도 환경영향평가를 1년 하는데 4대강 토건공사는 넉 달 만에 마친 것이다. 환경영향평가는 사계절에 걸친 생태계 변화를 봐야 하기 때문에 최소 1년은 조사를 해야 한다. 단양쑥부쟁이 훼손과 물고기 떼죽음 사태는 예고된 것이었다. 독일에서는 엘베 강 하구 준설 공사를 하기 전에, 주민의 반발과 전문가의 이견이 있어서 합의점을 찾는데 3년을 걸려 토론했다.

정부는 4대강 토건공사를 2년 안에 끝낸다고 한다. 독일의 기술력은 세계 최고 수준이지만, 뮌헨에선 8km구간의 이자 강Isar River 재자연화 공사를 조사하고 준비하는 데 10년 걸렸고 공사하는 데도 10년이 걸렸다.[27] 이런 대규모 토목사업을 단 몇 년밖에 안 되는 대통령 임기 중에 끝내겠다고 하는 것은 정당하지 못하다. 정부는 4대강 토건공사를 밀어붙이기 위해 적법한 절차와 사전조사, 민주적인 토론 대신, 지역주민들에게 엉뚱한 환상을 불러일으켜 개발 욕구에 불을 붙이고 국론을 격렬하게 분열시키는 방식을 밟아왔다.

이렇게 정당한 과정을 거치지 않은 채 2009년 11월 10일, 4대강 토건공사는 공식적인 공사에 들어갔다. 착공식에는 국무총리, 국토해양부 장관, 각 지자체장, 그리고 이들에게 공사중지명령을 내려야 할 환경부 장관이 참석했다.

4대강 토건공사는 시작부터 문제가 있었다. 이명박 대통령은 서울시장으로 재직할 당시, 서울시정개발연구원에 경부운하의 타당성조사를 맡긴 적이 있다. 이 연구에 참여했던 한 연구원에게 직접 들은 바에 의하면, 타당성이 있다는 결과를 내달라고 거듭 부탁을 받았다고 한다. 그런데 이 연구팀은 경제적 타당성이 전혀 없다는 결과를 제출했다. 결국 그 내용은 비밀에 부쳐져 보고서는 내지도 못하고 중단되었다. 한반도 대운하 추진 측에서는 '서울시정개발연구원에 그런 타당성을 분석할 만한 연구원이 없어서' 조사 연구를 세종대학교에 맡겼다고 주장했다. 그러나 그것은 사실이 아닌 것으로 알고 있다.

한 나라의 대통령은 그 나라의 법질서를 누구보다 철저히 지켜야 하고, 국민이 신뢰할 수 있는 말만 해야 한다. 제대로 법절차를 밟아 구체적인 계획안을 내놓고, 그에 대해 공정한 타당성 조사와 환경영향평가절차 등을 거친 후에 시행 여부를 결정해야 한다. 그럼에도 정부는 법체계도 건너뛰면서, 진실을 말하는 자는 침묵시키고 거짓을 말하는 자를 앞세우며 운하를 추진하고 있다. 대다수의 국민이 운하를 반대하는데, 찬성하는 사람만 정부에 앉혀놓으면 나라가 제대로 될 리 없다는 것은 분명하다. 2008년 이명박 대통령은 대운하 사업에 대해 "국민이 원하지 않으면 하지 않겠다"고 약속했지만, 그 약속을 지키려는 의지는 보이지 않고 심지어 모순된 언행까지 한다. 이명박 대통령은 2010년 3월 5일, 대구시청에서 "(4대강 사업으로) 낙동강도 뚫려 대구가 내륙이 아니라 항구다. 분지적 사고를 하면 안 된다"라는 말을 했다고 보도되었다.[28] 아니, 운하 공사를 안 한다면서 어떻게 대구가 항구가 되었는가? 이는 대통령 자신은 4대강 토건공사를 운하 공사로 생각한다는 것을 알려준다. 대통령의 말 한 마디 한 마디를 국민들이 믿고 신뢰할 수 있으면 얼마나 좋으랴. 국민들은 매번 대통령이 한 말의 참뜻이 무엇이고 속셈이 무엇인지 헤아리느라 노이로제에 시달리고 있다.

강은 그 누구의 것도 아니다

4대강 토건공사는 태생부터가 정당성이 없기 때문에 그럴듯한 논리를 만들어내기 위해 많은 전문가들이 필요했다. 운하를 찬성하며 운하 추진에 힘을 싣는 전문가들은 곡학아세曲學阿世의 전문가들처럼 보인다. 학문을 왜곡해서 세상 사람들에게 아첨을 하는 정도가 아니라 대통령에게 하고 있다. 이들은 국민을 바보로 알고 우롱하는 말을 쏟아내고 있다. 운하에 배가 다니면서 스크루 모터를 돌려서 물을 깨끗하게 한다든가, 보를 쌓아 수량을 늘려 물을 깨끗하게 한다든가 하는 희대의 명언들을 만들어내고 있다. 또 운하의 실제 공사비용은 고의로 축소하고 편익은 고의로 부풀리고 있다. 예를 들어 강에서 파낸 골재를 판매해 8조 원을 충당한다고 하는데, 골재를 채취하고 선별하고 운반하는 비용은 하나도 포함하지 않고 편익만을 부풀려 계산한다. 국내 연간 골재 시장 규모가 1조 원밖에 안 되는데 8조 원 어치를 어디다 판다는 말인가? 이런 사람들이 대통령으로부터 크게 쓰임을 받고 있는 전문가들이다.

2008년 한반도 대운하의 진실에 대해 양심선언을 했던 한 연구원은 정직 징계를 받았다. 월급이 깎이고 일거리도 받지 못해서 생활이 어려워지고 많은 고초를 겪었다. 나는 그에게 힘들어도 사표를 내지 말고 꿋꿋하게 견뎌야 한다고 말했다. 국민을 위한 정부조직에 제대로 된 정신을 가진 사람이 한 명이라도 남아 있어야 나라에 희망이 있다.

4대강 토건공사에 참여하는 사람들 중에는 이전에 하천복원 사업을 주도했던 이들도 있다. 이전에 하천을 복원해서 관리해야 한다고 써 냈던 보고서와 지금 '4대강 살리기'의 보고서 내용은 완전히 거꾸로다. 변신에는 능하나 불쌍한 사람들이다.

정부가 국민의 여론을 잠재우며 4대강 토건공사를 강행할 수 있었던 데는 언론의 방조가 컸다. 보수언론들은 이 중대한 사안을 알리는 데는 유독 굳게 입을 다물었다. 언론은 균형자, 정부 감시자로서의 역할을 하지 않고 정부 주장에만 무게를 실어주었다. 국민들에게 이 중차대한 사건을 제대로 신속하게 알리는 책임을 방기했다.

반면 운하를 반대했던 많은 환경단체와 시민운동가들은 여러 형태로 수난을 당했다. 쓰임 받기를 원하는 사람들이 쓰임을 받고 쓰임 받기를 싫어하는 사람들이 쓰임을 받지 않는 것이니, 이를 불평할 필요는 없다고 본다. 동서고금을 막론하고 참말을 많이 한 사람들은 감옥에 갔고 참말도 너무 세게 한 사람들은 죽임을 당했다. 지금 우리가 감옥에 들어가 있는 것도 아니고 목숨을 걸어야 하는 시대도 아닌 것을 다행으로 여겨야 할 것인가?

묵자墨子가 한 말이 있다. "임금에게는 반드시 군왕의 뜻을 거스르는 신하가 있어야 하고 윗사람에게는 꼭 정론을 펴는 아랫사람이 필요하"고, "훌륭하고 재주 있는 사람은 명령대로 부리기는 힘들어도 임금의 업적을 이루게 하고, 부리기 쉬운 사람은 임금을 욕보이게 한다"라고 말했다.[29] 또, "임금이 스스로 성스러운 지혜라도 있는 양 자처하여 신하에게 일을 물으려 안 하는 것"이 나라의 근심거리라고 말했다.[30]

물이란 하늘에서 지구의 모든 만물에게 골고루 내려주는 것이다. 사람뿐 아니라 모든 생물이 나눠 써야 하는 것이다. 그런데 몇 사람이 자기 마음대로 좌지우지할 수 있는가? 강은 우리 모두의 것이다. 지금 세대만이 아니라 미래 세대의 것이다. 그런데 어떻게 몇 사람이 마음대로 손을 대는가? 어떻게 사유물처럼 취급하는가? 4대강 토건공사는 실로 자연의 질서를 심각하게 모독하는 것이고, 많은 생명체와 사람에 대한 사랑이 없는 행위이다. 모든 걸 떠나서 상식적으로 맞지 않는 일이다.

국토는 대통령의 소유가 될 수 없으며 정치가들, 건설업자들, 곡학아세하는 전문가들을 위해 있는 것도 아니다. 대통령이 되었다고 국민들에게 물어보지도 않고 국토를 마음대로 파괴해서는 안 된다.

이 땅은 땅의 법칙에 맞게 국민 모두가 다스려야 한다. 국민들이 관여해야 파괴되어가는 강을 살릴 수 있다. 이것은 나라가 잘되고 못되고의 문제이다. 한번 시작하면 돌이킬 수 없는 일이다.

의義에 의한 정치란,
대국이 소국을 공격하지 않고
강자가 약자를 모멸하지 않으며
다수가 소수를 해치지 않고
간사한 자가 어리석은 자를 속이지 않으며
귀한 자가 천한 자에게 오만하지 않고
부유한 자가 가난한 자에게 교만하지 않으며
젊은 자가 늙은 사람의 것을 뺏지 않는 것이다.
그러면 여러 나라들은 물, 불, 독약, 무기 따위로

서로 해치는 일이 없어질 것이다.
이를 천덕天德이라고 한다.

힘에 의한 정치란,
대국은 소국을 공격하고
강자는 약자를 모멸하며
다수는 소수를 해치고
간사한 자는 어리석은 자를 속이며
귀한 자는 천한 자에게 오만하고
부유한 자는 가난한 자에게 교만하며
젊은 자는 늙은 자의 것을 뺏는 것이다.
이를 천적天賊이라고 한다.

『묵자墨子』,「천지편天志篇」

국민의 혈세 22조 원은 어디로

 4대강 토건공사에 책정된 예산은 22조 원이다. 요즘은 정부에서 수조 원이라는 돈을 아무것도 아닌 듯 말하고 국민들도 다소 둔감해진 것 같다. 22조 원이 어떤 돈인가? 우리나라 10만 개 마을에 1억 원씩 지원해도 12조 원이 남는 돈이다. 그 돈이면 마을마다 도랑을 살리고, 홍수를 예방하고, 수도를 공급하고, 재생 에너지 사업을 시행하고, 에너지 효율을 올리고, 일자리를 만들어 국민을 행복하게 하는 데 쓰고도 남는다. 그러나 22조의 혈세는 4대강 토건공사 예산에 들어가고, 서민을 위한 교육·복지 예산은 삭감되는 현실이다.
 2008년 12월, 당시 한나라당 박희태 대표는 "전광석화같이 착수하고, 질풍노도처럼 밀어붙여, 전 국토를 거대한 공사장처럼" 만들라는 말을 했다. 지금 그의 말대로 전 국토는 그야말로 거대한 공사장이 되었다. 우리나라의 지도를 바꾸게 될 사업이라는 '세계 최대의 간척사업'인 새만금 사업에 애초 세운 예산이 10여 년에 걸쳐서 1조 2,000억 원이었다. 수년 안에 22조 원의 예산을 쏟아 붓겠다고 한다면, 도대체 얼마나 많은 콘크리트를 붓고 얼마나 깊게 강을 파헤칠 것인가?

이 22조 원은 어디로 가는가? 이 사업을 시행하면 누가 이익을 보는가? 운하를 열렬히 추진하는 사람들은 운하를 교통수단으로 이용해 보겠다는 사람들이 아니다. 운송업자들이나 화물주들이 운하 사업에 관심을 보였다는 말은 아직 들어보지 못했다. 4대강 토건공사에 관심을 갖는 사람들은 막대한 건설공사비를 챙길 건설업자들이거나, 개발사업으로 땅값이 오르는 것에 더 큰 관심이 있는 부자들이거나, 권력 앞에 줄을 서 보겠다는 사람들이 대부분이다. 대운하 공약을 내걸었던 이명박 대통령이 당선되자 건설회사의 주가가 폭등했다. 올해 2010년 6월 지방선거에서 한나라당이 참패하자 건설회사들의 주가가 폭락했다. 이것은 무엇을 의미할까? 4대강 토건공사가 누구를 위한 것일지 의문이 드는 대목이다.

'한반도 대운하'에서 '4대강 살리기'까지 공사의 명칭은 여러 번 바뀌었지만, 건설업체에 돌아가는 예산 규모는 항상 일정했다. 경부운하 공사비가 14조 원이었고, 하천정비 공사비도 14조 원이었다. 참여했던 연구원에게 왜 그러냐고 물어봤다. '위'에서 예산을 14조 원에 맞추어 달라고 해서 그렇게 나온 것이라고 한다. '4대강 살리기'도 처음에는 공사비가 14조 원이었다. 이후 22조 원으로 상향되었는데, 증가한 8조 원은 수자원공사의 몫으로 책정된 것이니 여전히 14조 원은 건설회사

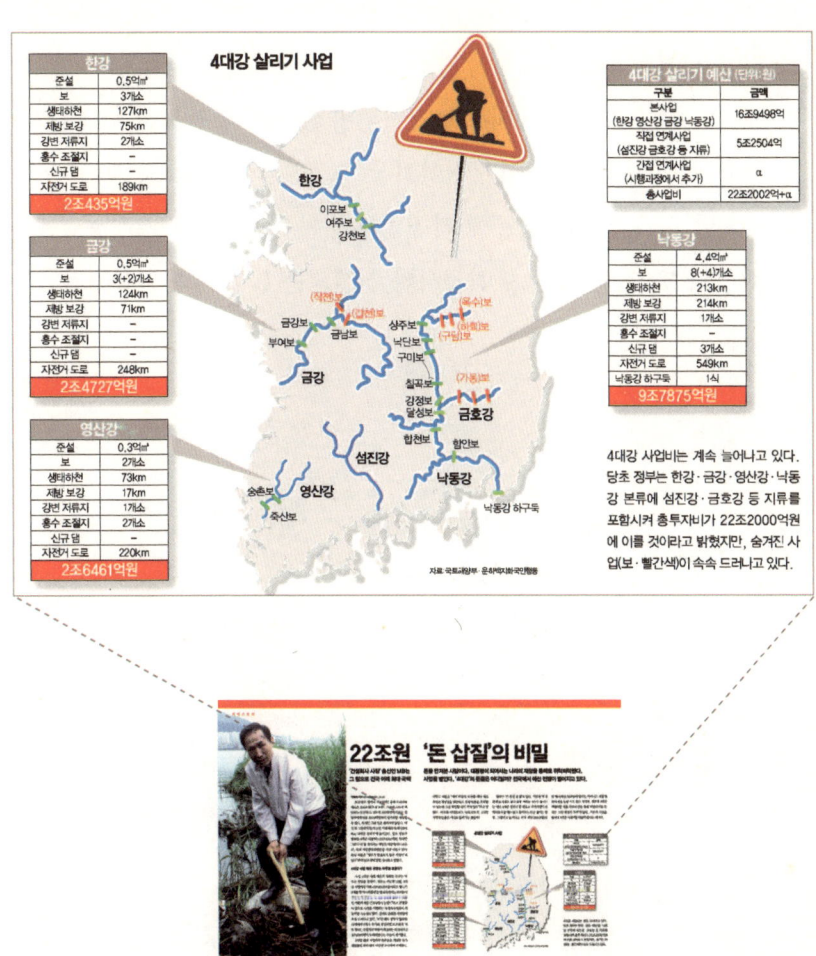

그림 25 4대강 토건공사 예산
자료 : 박형숙, 「22조원 돈 삽질의 의미」, 『시사인』 95호, 2009년 7월 6일.

에 돌아가는 몫이다. 대운하면 어떻고, 물길 잇기면 어떻고, 하천정비면 어떻고, 강 살리기면 어떤가. 14조 원을 건설업체에 주기만 하면 되는 것이다. 이게 바로 대통령이 말하는 실용주의인가?

정부는 수자원공사가 4대강 토건사업비 중 8조 원을 부담하도록 하기 위해 법 개정을 하고 있다. 현행법상 수자원공사가 4대강 토건공사를 수행할 근거가 없기 때문에 하천법과 수자원공사법을 개정하고 있다. 이것도 모자라 4대강 토건공사가 진행되는 동안 수자원공사가 회

내역	삭감액 (원)
비정규직의 정규직 전환 예산	1,100억
저소득층 월세 지원 예산	60억
실직가정 생활안정자금 대부사업	3,000억
결식아동 급식 지원금	541억
저소득층 에너지 보조금	903억
농민 비료가격 지원	1,508억
교육예산	1조
사회적 일자리 창출 지원금	325억
장애아동 무상보육 지원금	50억
장애인 차량 지원비	116억
기초수급생활자 의료비 지원	540억

표2 2010년도 예산에서 삭감된 민생·복지·교육 분야 예산
자료 : 2010년 예산 공동대응 모임.

사채를 발행해 재원을 조달하고, 친수구역 특별법을 제정해 강 옆의 땅에 관광 및 복합단지, 레저시설, 친환경주택단지를 조성해 개발 이익을 환수토록 하겠다고 한다. 강변을 따라 늘어선 아파트와 모텔이 우리 강의 미래이다. 그렇게 되면 주변 땅값 상승은 어떻게 감당할 것인가? 또 회사채 이자를 왜 국민의 혈세인 정부예산으로 메워야 하는지도 이해할 수 없는 일이다.

4대강 토건공사에서 홍수 조절을 명분으로 추진하는 강의 직강화와 콘크리트화는 강변 토지의 난개발을 위한 것이다. 중앙정부에서 재정을 투여하는 지역개발사업에서 가장 큰 이득을 보는 주체는 전국의 토건과 투기를 장악하고 있는 '강부자'와 지역의 '토호'이다. 막대한 보상비도 대부분 이들이 챙기게 되어있다. 지금까지 땅부자였던 강부자들은 이제 명실상부한 '江부자'가 된다. 결국 이들을 주축으로 하는 일부 부자들이 이득을 얻는 대신에 모든 국민의 혈세와 소중한 자연인 강과 땅이 크게 훼손되는 것이다.[31]

4대강 토건공사처럼 전국적으로 벌이는 토목사업은 전국 곳곳의 땅값을 크게 올려놓는다. 특히 어느 정도 구체성을 가지고 있는 경부운하는 해당지역의 땅값을 한정없이 올리고 있다. 개발예상지역의 땅값이 오르면 지역개발이 이루어질 것처럼 생각하는 사람들도 있는 듯하다. 그러나 개발예상지역의 땅값이 오르는 것은 개발이익이라는 불로소득을 노린 투기 때문에 나타나는 문제적 현상일 뿐이다. 잘못된 개발사업에 재정을 투여하고 개발이익을 노린 투기가 극성을 부리면, 지역개발이 이루어지기는커녕 심각한 지역파탄이 이루어질 것이다.

지금까지 정부는 행복도시, 혁신도시, 기업도시, 첨단산업단지 등 개발사업을 할 때마다 해당지역의 땅값을 크게 올려놓았다. 그 결과 열심히 일해서 돈을 버는 것은 손해 보는 짓이라는 생각이 생겨났다.
　어떤 이들은 자신이 사는 지역 인근에 공단이나 공항, 항만이 만들어지기만을 손꼽아 기다린다. 공단이 만들어진다고 해서 공장에서 일할 생각을 하는 것이 아니다. 개발사업으로 땅값이 오르기를 기대하는 것이다. 반면에 무슨 보호구역으로 지정한다고 하면 아무리 좋은 조건을 내걸어도 결사반대를 하는 풍토가 만들어졌다. 온 나라가 땅을 팔아버리는 데 난리가 났다. 결과적으로 땅값은 계속 치솟고 있다.

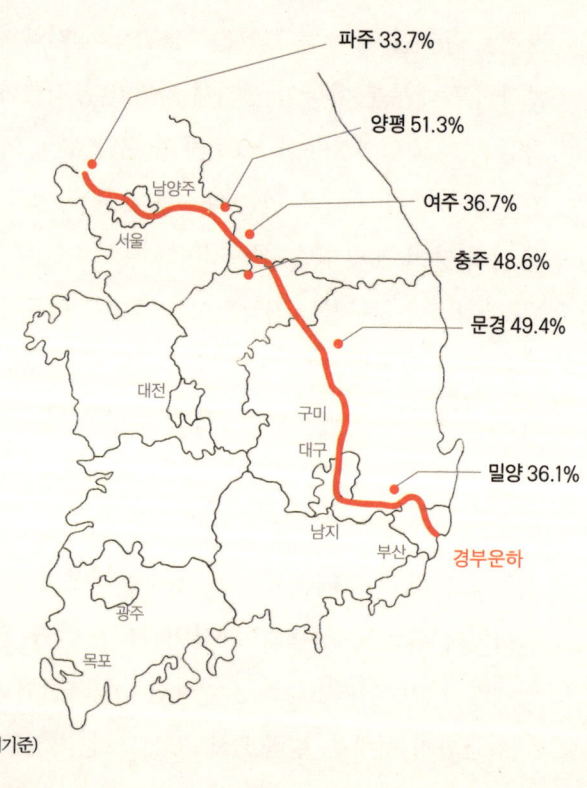

그림26 경부운하 관통지역에서
외지인의 토지 매입비율
(한국토지공사, 2007년 10월 거래기준)
자료: 『경향신문』, 2007년 11월.
홍성태, 『생명의 강을 위하여』에서 재인용.

국가별로 투기에 노출된 국토 비중은 이스라엘 14%, 싱가포르 19%, 대만 31%, 미국 50% 수준인데, 한국은 전 국토의 70%가 넘는다. 또한 한 가정의 총재산 중 부동산이 차지하는 비중은 미국 36%, 캐나다 50% 수준이고 집값 땅값이 세계 최고라는 일본도 62% 수준이지만, 한국은 89%에 달한다. 참고로 고위 공직자 중 부동산 재산이 가장 많은 사람은 382억 원 어치를 소유한 이 나라의 대통령이다.[32]

설사 온 나라 땅을 팔게 만들어 땅값이 솟구쳤다고 해도, 온 국민이 돈을 벌 수 있는 건 아니다. 몇 사람만 이득을 볼 뿐이다. 땅값이 오르면 오를수록 국민들의 건강한 생활과 심성을 망칠 뿐 아니라, 기업하기에는 더 나빠지고 국가의 경쟁력은 더 떨어진다. 한반도 대운하 4대강 토건공사는 정부가 수단과 방법을 가리지 않고 추진하더라도, 설사 온 국민이 한마음으로 지지하더라도 결코 이 땅에서 성공할 수 없는 사업임에 분명하다. 다만 단기 경기부양 효과로 잔뜩 기대에 부풀었던 국민들이 허탈해하고, 경제가 파탄이 나고 땅이 요절나는 것이 두려울 뿐이다.

땅은 돈 버는 데가 아니다. 땅과 강으로 돈 벌 생각하면 온 나라가 망한다. 이것은 국격과 국운을 떨어뜨리는 일이다.

땅은 사람들이 사고파는 상품이 될 수 없다. 상품이란 것은 판매를 위해 인간이 생산할 수 있는 것이어야 한다. 땅은 인간이 생산할 수 있는 것이 아니다. 우리 중에 땅을 만든 사람은 누구인가? 강을 흐르게 한 사람은 누구인가? 바다를 만든 사람은 누구인가? 만든 사람이 없는데 이 땅을 자기 것인 양 팔아서 자신의 주머니를 채울 수는 없는 노릇이다.

땅에 대한 가치관은 한 공동체의 정신 수준을 그대로 드러내 준다.

그래서 시대와 민족마다 땅에 대한 고유한 가치관을 가지고 있었다. 그러나 지금 우리가 세운 땅에 대한 가치관은 역사상 가장 타락한 것인지도 모른다.

> 인간이 설명할 수 없는 위대한 힘이
> 우리에게 이 땅을 주었다.
> 이 땅에 대한 권한은 우리의 삶을 만드는 데 쓰인다.
> 모든 것이 이 땅에 달려 있다.
> 땅은 신성하다.
> 만일 땅을 마구 써버리면 신성한 삶은 사라질 것이고,
> 다른 모든 생명체들도 마찬가지 신세가 될 것이다.
> 우리는 신성한 땅을 돈과 바꾸는 것을
> 어떻게 표현하는지 알지 못한다.
> 우리는 어느 누구에게도 그리고 어떤 값으로도
> 우리의 땅과 유산, 종교를
> 처분할 권한을 주지 않았다.
> 우리는 이 땅을 위대한 신에게 받았다.
> 우리는 그가 돌아올 때까지 집사처럼
> 대리인으로서 이 땅을 지켜야 한다.
> 북미 인디언 호피족 종교 지도자들의 성명서[33]

바로 지금 멈추어야 한다

최근 정부는 4대강 토건공사가 이미 상당히 추진되었고 그동안 많은 예산이 들어가서 이제는 멈출 수 없다고 말한다. 심지어 공사를 돌

이킬 수 없게 굳히기 위해 더욱 속도를 내고 있다. '이제 와서 어떻게 하겠냐'가 정부의 중요한 논리가 되었다. 그러나 잘못된 방향으로 가고 있을 때 속도는 아무 의미가 없다. 99%가 진행되었어도 잘못된 공사는 멈추어야 하고 100% 진행되었다 하더라도 되돌려야 한다. 잘못된 공사는 필연적으로 그것을 되돌리는 데에 엄청난 돈이 들어가기 때문이다.

청계천 복개고가도로를 뜯어낼 때 이명박 대통령은 복개고가도로의 유지비가 가당치 않게 들어서 차라리 철거하고 복원하는 것이 경제적으로 이득이라는 주장을 펼쳐 공감을 얻은 적이 있다. 한반도 대운하 사업에 대해서도 마찬가지 주장을 펼쳤다. 해마다 발생하는 홍수 피해 복구비용, 둑 보수, 하상정비 등에 드는 돈으로 운하를 만들면 된다는 것이다.

그러나 운하를 만들면 더 많은 비용이 들어간다. 둑 보수, 뱃길 측량, 퇴적토 준설, 댐과 갑문 관리, 화물터미널 유지 관리, 운하 터널 혹은 스카이라인이라고 부르는 운하 다리 유지 관리, 선박 오염물 투척 감시, 선박 사고 처리, 수질 오염 관리 등의 비용이 끝없이 발생한다. 자연의 힘으로 저절로 흐르는 강과 일정한 폭과 깊이로 흐르게 만들어야 하는 운하의 유지 관리 비용이 얼마나 다르겠는가.

4대강 토건공사가 완료되면 엄청난 유지비가 한도 끝도 없이 들어간다. 수로 관리, 댐과 수문, 천변 체육시설, 자전거도로, 자동차도로, 천변 저류지, 슈퍼제방 등의 유지 관리비가 훨씬 많이 든다. 여름에 큰 비가 오면 막대한 양의 토사가 씻겨 내려오는데, 이 토사는 댐이 없으면 바다까지 실려 내려가지만 댐을 쌓으면 댐마다 차곡차곡 쌓인다. 쌓인 토사를 걷어내지 않으면 강은 범람한다. 매년 이것을 준설하는 데만 해도 엄청난 예산이 들어간다. 그뿐 아니다. 높아진 강 수위로 인해 거의 모든 유역의 물을 인공적으로 배수해야 한다. 이 유지 관리비 또한 엄청날 것이다. 보통은 공사비의 최소 7.5% 정도를 유지 관리비로 잡는데, 4대강 토건공사의 경우 15%까지 잡아야 할 것이라고 말하는 전문가들도 있다.

하천복원과 환경계획 분야 석학인 랜돌프 헤스터 미국 버클리 캘리포니아 대학 명예교수는 "그동안 미국에선 수로공사, 준설, 강의 직선화, 댐 건설, 골재 채취 등으로 강 생태계가 지속적으로 파괴됐다"며 "이 때문에 1990년부터 2004년까지 170억 달러를 들여 3만 7,000건의 복원사업을 벌였다"고 말했다. 그는 "미국에서는 전 국민의 70%가 반대하는 정책을 강행하는 경우는 없다"며 "4대강 사업을 하루빨리 중단하고, 다시 검토해야 한다"고 말했다.[34]

지금 멈추기엔 너무 늦은 거 아니냐고 생각한다면 잘못된 공사가 끝나고 앞으로 끝도 없이 들어갈 유지비용, 그리고 복원 공사에 들어갈 비용을 생각해보라. 4대강 토건공사는 지금 바로 멈추어야 한다.

5. 진정한 강 살리기는

강은 강바닥을 파고 댐을 쌓는다고 살아나는 것이 아니다. 돈만 들인다고 살아나는 것도 아니며, 특별한 마법을 부려 단숨에 살아나는 것도 아니다. 강을 살리는 데에는 왕도가 없다. 지름길도 물론 없다. 정직한 길로 가야만 한다. 『천로역정』에 이런 이야기가 나온다. 천국에 빨리 도착하겠다고 중간에 담을 뛰어넘고 들어가 지름길로 달려간 사람들이 있었다. 그들은 빨리 도착하기는 했지만 도착한 곳은 천국이 아니었다. 4대강 토건공사가 꼭 그 꼴이다.

진정한 강 살리기의 원칙

4대강 토건공사는 정부가 내세운 강 관리 측면에서만 보더라도 올바르지 못한 지름길로 가려는 것이다. 정말로 강을 살리고자 한다면, 올바로 살리는 일을 생각해봐야 할 것이다. 강의 본성에 맞게 관리해야 한다. 진정한 강 살리기를 위해서는 다음의 세 가지 과제를 해결해 나가야 한다(그림 27).

첫째, 지속가능한 거버넌스를 갖추어야 한다. 물은 하늘에서 어떤 대가도 없이 세상만물에 골고루 내리는 은혜이다. 그러므로 정부가 독단적으로 정책을 결정해서는 안 된다. 정부와 시민과 기업 모두가 민주적으로 참여할 수 있는 거버넌스를 구축해 형평성을 확보하는 것이 기본이 되어야 한다. 1970년대 후반부터 국가 중심의 관계 체계 위상과 역할의 한계에 대한 논의가 활발해짐에 따라 주목을 받게 된 거버넌스governance는 정부government에 대비되는 개념이다. 바람직한 거버넌스는 타협이 아니라 합의를 통해서 가능하다.

둘째, 물 관리를 통합적으로 일원화해야 한다. 물은 원래 하나인데 여러 가지 모습으로 드러나고, 사람들이 여러 가지 용도로 사용할 뿐이다. 물이라는 게 홍수가 따로, 재난이 따로, 수질이 따로 있는 게 아니다. 그래서 물 관리는 수량과 수질, 지하수와 상하수도, 토지이용, 도시와 산업개발, 가뭄과 홍수 관리, 기타 물 관련 기술과 법제도 등의 모든 것이 따로 돌아가는 것이 아니라 밀접하게 연관되어야 한다.

이 두 가지 과제를 해결한 이후에 세 번째 단계로 기술적인 해결을 해나가야 한다. 기술적 해결의 기본 방향은 강 하류에 나타난 결과에만 손대는 것이 아니라, 그 결과를 초래한 문제의 근원부터 차근차근 풀어나가는 것이다. 이는 유역流域 단위로 지속가능한 관리를 해야 한다는 뜻이다. 강을 관리한다고 해서 '물길'이라고 생각하면 안 된다. 유역관리는 강을 따라가면서 강이 접한 산과 땅을 함께 돌보는 것이다.

물 관리의 일원화 – 통합 기구를 세우고, 고급 인력을 확보하라

통합적 물 관리를 위해서는 먼저 물 관리 행정체제를 통합하고 일원화해야 한다. 현재 우리나라 정부체계에서는 수량은 국토해양부, 수

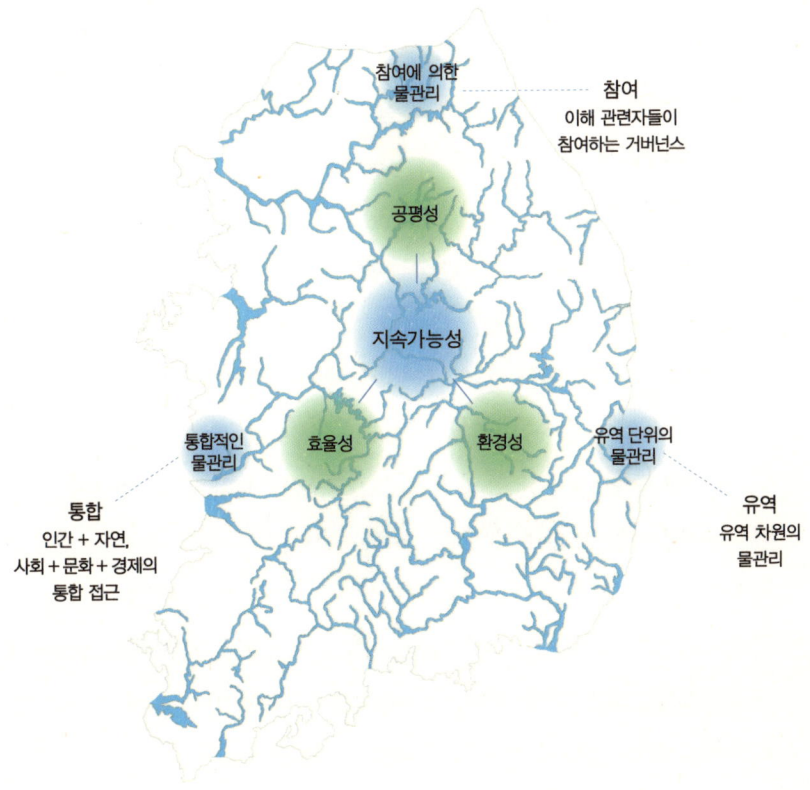

그림27 진정한 강 살리기 기본원칙
자료 : 박성제.

질은 환경부, 그리고 농림수산부와 행정안전부까지 섞여 여러 부처가 제각각 손을 대고 있다. 홍수 관리도 마찬가지이다. 치수 업무는 국토해양부, 방재 업무는 소방방재청으로 이원화되어 있다. 소방방재청은 다른 부처에 비해 서열이 뒤떨어지기 때문에 다른 부처에서 홍수피해를 조장하는 사업을 벌여도 관리를 할 수 없다. 심지어 다른 부처에서 물 관리에 역행하는 정책을 시행해도 막을 수 있는 권한이 없다.

이러한 문제는 세계의 여러 나라가 겪고 있는 문제이긴 하지만, 환경부가 주관하여 물 관리를 통합하는 것이 세계적 추세이다. 영국과 프랑스가 이러한 방식으로 물 관리를 일원화했다. 미국은 연방정부 차원에서는 일원화가 이뤄지지 않았지만 많은 주에서는 통합, 일원화했다. 대부분의 선진국에서는 환경정책이 다른 정책보다 우선하기 때문에 가능하다.

통합 물 관리를 위해서는 관련 부서들을 총괄할 수 있는 물 관리 기구를 만들어야 한다. 이 기구에서는 수량, 수질, 토지이용, 하천 생태 등 모든 물 관련 업무를 통합적으로 관리해야 한다. 관리 대상도 유역의 지표수, 지하수, 습지, 상수도, 하수도뿐 아니라 바다를 끼고 있으면 해수까지도 포함해야 한다. 물 관리에 영향을 미치는 법과 제도를 비롯해 인접 기술과 인문·사회적 요소까지 연계해서 관리해야 한다. 지자체에 대한 지휘·감독 권한도 가져야 한다. 무엇보다 물 관리 정책 및 자연재난 관리 정책이 다른 정책보다 우선되어야 한다.

이런 업무를 감당하기 위해서는 상당한 수준의 전문지식이 있는 인력이 있어야 한다. 비싼 시설만 세워놓는다고 좋은 물이 저절로 콸콸 쏟아지는 것이 아니다. 물 처리 시설은 변수가 많기 때문이다. 물은 사람이 다루기에 달렸다.

미국의 뉴저지 주는 통합 물 관리를 하면서 총량규제를 적용해 토지이용까지 규제하고 있다. 이것이 가능한 이유는 면적이나 인구가 경기도만 한 뉴저지 주에서 환경보호청의 전문인력이 7,000명이나 되기 때문이다. 특히 물 관리에 가장 많은 인력이 모여 있다.

그러나 한국에는 수처리 시설을 다루는 고급 전문가가 많지 않다. 왜냐하면 대우가 신통치 않기 때문이다. 눈에 보이는 시설에만 돈을 쓰고 눈에 보이지 않는 사람의 능력을 개발하는 데에는 투자를 멀리하는 풍토 때문이다. 그러면서 한국은 세계에서 유례가 없을 정도로 건설사업에 많은 예산을 투입하고 있는 것이다. 거대 토건사업의 사회적 폐해는 지식수준이 높은 우리나라 젊은이들에게 좋은 일자리를 만들어주지 못하는 것이다. 통합 물 관리 사업은 귀중한 물 자원을 보호할 수 있는 동시에 고급 일자리를 창출하는 사업이다. 대통령은 토건공사에 전력을 기울일 것이 아니라, 국토를 지속가능하게 가꾸는 차원 높은 발전 구상을 제시해야 한다.

농촌부터 시작해라 – 윗물이 맑아야 아랫물이 맑아진다

진정한 강 살리기를 위해서 기술적으로는 지속가능한 유역관리를 해야 한다. 유역의 통합적·생태적 관리는 무엇보다 중요하다. 유역관리가 바로 되어 있지 않으면 물 관리는 원천적으로 불가능하다. 같은 유역을 두고 지방자치단체별로 각기 다른 이해관계를 가지고 접근해서는 제대로 된 물 관리를 할 수 없다. 생각해보면 당연한 이치이다. 강은 도별로 군별로 쪼개져 있지 않다. 강은 끊임없이 흐르는 것인데 어떻게 나누어 관리할 수 있겠는가.

유역 중에서도 하천 상류의 소유역과 농촌 유역의 환경개선에 특별히 관심을 기울여야 한다. 이곳이 전체 유역의 수질을 결정하기 때문이다. 하천 상류의 소유역을 제대로 관리하지 못하면 큰 유역의 물 관리를 제대로 할 수 없다. 하천 상류의 마을에 있는 도랑들은 지금 대부분이 쓰레기를 버리고 태우는 곳으로 전락했다. 도랑 변에서는 농사를 짓고, 그 상류에서는 축산이 이루어져 수질에 악영향을 미치고 있다. 높은 지대에 있는 고랭지 채소밭은 설비가 잘 되어있지 않아 비만 오면 흙탕물을 쏟아낸다. 하천 상류 마을의 물을 제대로 관리하기 위해서는 생태학적 하수 처리 방법이 강구되어야 한다.

정부는 제일 먼저 농촌의 기반시설과 서비스를 확립하고 개선해야 한다. 정부는 도회지의 상수를 관리하는 데에만 예산과 노력을 집중하고 있는데, 농촌이 하천 상류지역에 있기 때문에 농촌 마을의 수질을 깨끗하게 하는 것이 우리나라 물의 기본 바탕을 살리는 것이다. 윗물이 맑아야 아랫물이 맑아지는 법이다.

그래서 농촌의 쓰레기 관리에 특별한 관심을 기울여야 한다. 농촌의 쓰레기 관리가 제대로 되지 않으면 전 국토가 오염될 것이다. 정부는 대도시에 수조 원의 예산을 들여 쓰레기 소각장 건립 계획을 세우고 있다. 도시에서는 쓰레기를 소각하는 것보다 감량과 재활용 정책을 먼저 해야 한다. 대도시 소각장 건설에 배정된 예산 중 극히 일부분을 농촌에 돌려도 각 마을마다 쓰레기 수거 서비스를 개선하고 재활용과 위생처리를 할 수 있다.

우리나라 농촌 인근에는 매립지며 공장이며 골프장이 들어서고 오염된 하천이 흐르고 있다. 정부는 농민들이 마시는 지하수나 다른 식수원이 얼마나 오염되어 있는지 조사하고 안전한 식수 공급을 위한 대책을 마련해야 한다.

농촌의 작은 마을은 오염원이 뚜렷해서 관리하기도 쉽고, 예산이 크게 들지 않으며, 대책의 결과가 명확하게 드러나는 곳이다. 이러한 농촌 마을의 수질을 관리할 수 있다는 능력도 보이지 않은 채 한강, 낙동강을 비롯한 전국의 수질을 관리하겠다는 것은 허황된 소리이다. 정부는 수질 관리의 모범을 농촌으로부터 시작해서 전국으로 확산해 나가야 한다.

유역관리의 근본적 대책은 토지이용을 생태적으로 하는 것이다. 토지이용계획에 따라 유역의 물 사용량, 강우 유출, 비점오염원의 오염부하량과 오염유달율이 결정된다. 토지이용계획은 수자원과 수질 관리, 재난 관리 측면에서 바로 되어야 한다. 홍수를 제대로 관리하기 위해서 댐, 저수지, 홍수조절지, 방수로, 하천 등의 모든 시설을 연계해 유역단위로 관리해야 한다. 함부로 홍수범람지역을 개발하거나, 물길을 막거나, 물길을 바꾸거나 해서는 안 된다. 토지이용계획에 따른 이러한 변수들이 올바른 물 관리 계획 하에 제어되도록 해야 한다.

생태학적 토지이용을 위해 무리한 축산과 화학농법을 생태적으로 개선해나가는 것은 우리가 풀어야 할 어려운 과제이다. 유럽의 선진국들은 유역의 영양물질수지를 평가하여 농업과 축산활동까지도 생태학적으로 무리가 없도록 제한하고 있다. 그리고 농경지의 유출수는 하천에 유입되기 전에 유수지 같은 곳에 모아서, 에너지나 인력이 많이 들지 않는 자연공법을 활용해 처리하고 있다.

수질을 악화하는 오염원은 생활하수나 산업폐수처럼 발생 원인이 분명하여 하수관으로 흘러가는 점오염원과 도로의 빗물이나 고랭지 농사처럼 발생 원인이 불분명하여 하수관으로 모을 수 없고 강으로 바로 흘러가는 비점오염원이 있다. 요즘에는 도시가 확대되고 토지 이용이 높아짐에 따라 비점오염원이 수질 오염에 미치는 영향이 확산되는 추세이다. 이 비점오염원 관리가 잘 이루어지지 않아서 비가 오면 심하게 오염된 물이 강으로 흘러들어 간다.

비점오염원에서 나오는 오염물이 강이나 호수에 유입되기 전에 마지막으로 걸러지는 곳이 수변지역水邊地域이다. 수변지역에 몇 십 미터만이라도 제대로 나무를 심고 가꾸면 수질을 상당히 개선할 수 있다. 그러나 한국은 그동안 수변지역에 마구잡이로 토목공사를 벌이고 건축을 해왔기에 한국의 유역은 비점오염원에 의한 오염이 심각하다. 우수유출수가 오폐수보다도 심한 오염을 초래하는 경우가 허다하다. 이미 개발되어 있는 비점오염원을 처리하는 기법을 적극 활용해서 유역 관리에 힘써야 한다.

도시를 바꾸어라

점오염원이라고 할 수 있는 산업체와 도시의 물 사용량과 오염 배출을 원천적으로 줄여야 한다. 이를 위해 산업구조, 도시구조, 주거단지구조, 국민생활을 개선해야 한다. 산업체에서는 폐수 무방류를 목표로 삼고, 특수한 오염물질을 포함한 산업폐수는 별도로 처리해야 한다. 다른 폐수와 섞이면 미량의 오염물질은 희석되어버리기 때문에 처리가 불가능해진다.

도시나 주거단지에서는 물을 재활용해야 한다. 빗물을 하수관을 통해 빨리 배수하려고만 할 게 아니라, 되도록 땅에 많이 스며들도록 천천히 배수해야 한다. 가정에서부터 빌딩이나 지하철 등의 공공시설까지 빗물을 최대한 이용할 수 있어야 한다. 대규모 주거단지가 많은 곳에서는 빗물이나 지하수, 단지 안에서 발생하는 하수를 모으고 처리해서 허드렛물로 쓸 수 있는 중수도를 충분히 설치해야 한다. 이는 지하수 수자원을 확보할 수 있을뿐더러, 수질 관리와 홍수 관리를 위해서도 꼭 필요하다. 최근 외국에서는 신도시를 건설할 때부터 우수관을 깔지 않고 자연배수가 되도록 하는 추세다.

하수와 폐수를 처리하기 위해서 먼저 할 일은 하수관을 정비하는 것이다. 지금 한국은 하수처리장을 많이 지어서 공식적인 하수처리율은 일본을 훨씬 앞질렀으나, 실제 수질 오염은 한국이 훨씬 더 심하다. 하수관이 제대로 연결되지 않아서 오폐수가 새는 곳이 허다하기 때문이다. 하수처리장을 아무리 잘 지어도 하수가 처리장으로 흘러가지 않고 새어버리면 아무 소용이 없다. 또 대규모 하수처리장 몇 개를 짓기보다는 작은 처리장을 많이 지어야 지천을 살릴 수 있고 하수관을 정비하기도 쉽다. 하지만 작은 지천을 하수도로 만들어 복개하는 방법은 지양되어야 한다. 30% 이상이 어디로 갔는지도 모르는 상수관도 잘 정비하여 쓸데없이 많은 물을 멀리서 가져오지 않도록 해야 한다.

식수 문제는 국민 생활과 건강에 가장 시급하고 중요한 문제이지만, 수질 관리의 측면에서는 거의 마지막 순위에 해당한다. 정수 처리는 대안을 찾기 쉬운 것 중 하나이기 때문이다. 정수 시설에 최대한의 투자를 해야 하지만, 그에 못지않게 정수 시설을 관리하는 전문 인력을 확보하는 게 중요하다. 앞서 말한 대로 강은 사람이 다루기에 달렸다.

온 강이 울고 있다

4대강 토건공사 그 전과 그 후

사진·글 지율스님

후손에 들려줄 수 없는 「들의 노래」 상주 병성천 둔치

2009년 4월 25일

2010년 5월 16일

뜨거운 뙤약볕 아래서 땀 흘린 일 없는 사람들이,
푸른 보리밭에 눈길 한 번 준 일이 없는 사람들이,
강과 땅을 바라보며 허리 굽혀 일하던
아버지의 물 논을, 어머니의 가을밭을 덮어간다.
삽과 쟁기를 들었던 우리의 아버지가,
아버지의 아버지가 들려주었던 노래를
우리는 더 이상 우리의 아이들에게 들려줄 수 없다.
강이, 온 들이 울고 있다.

생태계「자궁」들어내려 하는가 안동 구담습지

2009년 6월 13일

2010년 5월 9일

우리는 습지를 생태계의 자궁이라고 부른다.
자궁은 생명을 잉태하는 어머니의 이름이다. 지금 탐욕에
눈이 가린 사람들이 어머니의 자궁을 들어내려 하고 있다.

예부터 강을 대지의 젖줄이라고 불렀다.
젖줄은 생명을 기른 어머니의 이름이다. 지금 이익에
눈이 가려진 사람들이 어머니의 젖줄을 끊으려 한다.

지금 생명을 낳는 어머니는 5억 년 동안 말없이 길러왔던
생명체들의 죽음을 품에 안고 한없이 깊은 슬픔에 빠져 있다.
아아, 어머니의 가슴을 짓밟지 말라.

사람은 시멘트와 아스팔트와 기계가 아닌
풀과 흙과 인정(人情)에 둘러싸여야 한다.
할아버지의 할아버지가 살았던 땅 위에서
한때 아버지가 할아버지를 졸졸 따라다녔듯이
이제 아들이 아버지를 뒤따라 걸어가는 것,
이것이 삶의 행진이다.

웬델 베리

II
이 땅에 살기 위하여

지금처럼 땅과 강과 산을 파괴하며
인간만을 위해 살아온 것은
일찍이 한반도에 존재하지 않았던 삶이다.

1. 태양만 있으면 돌아가던 마을

사라져버린 금수강산

한반도는 한때 금수강산이라 불렸다. 우리는 조상들 덕분에 세계에서 유례없는 천혜의 자원을 물려받았고 지금까지 그 혜택을 누리며 살아왔다. 그러나 우리는 가장 짧은 시간에 그 혜택을 소진시키며 금수강산의 막을 내리고 있다.

조선시대까지만 해도 이 땅에서 살았던 사람들은 자연에는 다 이치가 있는 것으로 생각했고, 그 이치에 따라 자연과 조화를 이루며 살고자 노력했다. 그때만 해도 사람들은 세상만물이 서로 연결되어 있다고 생각했다. 그래서 자연의 모든 것이 잘 흘러갈 수 있도록 올바르게 행동하는 것이 자연의 일부인 인간의 도리라고 생각했다. 이런 사고를 가지고 있어서 자신이 하는 모든 일은 결과를 낳고, 결과에는 책임이 따른다고 알고 있었다. 그러한 노력은 장구한 세월에 걸쳐 변화하고 다듬어지면서 이 땅에 가장 적합한 생활방식을 만들어냈다. 그 긴 삶의 역사를 알고 있어야 지금 우리가 무엇을 하고 있는지 알 수 있을 것이다. 그러나 오로지 앞만 보고 달려가는 우리는 이제 과거를 잊어 미래를 보는 예지력도 없어지게 되었다.

전통적인 마을은 하나하나가 요즘 말로 '생태학적' 단위로서 기능했다. 물질은 그 안에서 완전한 순환을 이루었고, 폐기물이나 오염이라는 것은 존재하지 않는 '태양만 있으면 돌아가는 마을'이었다.

집집마다 쓰레기를 만들지 않기 위해 마당을 두어 가축을 기르고, 집 가까이에 텃밭을 두었다. 작은 곡식 알갱이는 닭이 쪼아 먹고, 큰 음식 덩어리는 개나 돼지가 먹었다. 설거지를 한 개숫물은 소여물을 삶는 데 쓰고, 재나 분뇨는 농지의 비료로 썼다. 버리는 것은 하나도 없었다.

뜨거운 물조차 마당에 부으면 땅이 죽는다고 믿었다. 제주도에서는 변소에 쌓인 인분을 돼지에게 사료로 먹였다. 만약 제주도에서 육지와 같은 변소를 만들어 사용했다면, 투수성이 큰 지질 특성상 지하수가 오염되어 물을 마시기 어려웠을 것이다.

옛사람들은 집을 지을 때도 '환경친화적'으로 지었다. 초가지붕이나 흙벽처럼 다시 자연으로 돌아갈 수 있는 재료만 사용했다. 우리나라에 화강암이 많았지만 돌집을 안 지은 까닭이 여기에 있다. 목재 역시 최소한으로 써서 숲을 해치지 않았다.

집들이 모여 땅의 지형에 맞게 어울리며 마을을 형성했다. 마을의 구조는 생태학적으로 올바른 형태를 이루었다. 산꼭대기나 경사가 급한 지역은 보존하고 나무를 심고, 그 아래 경사가 조금 완만하지만 다른 용도로는 쓸 수 없는 곳에 무덤을 두었다. 그 아래에 북쪽으로 산을 등지고 남쪽으로 집을 지어서, 에너지 효율이 높도록 마을을 만들었다. 에너지를 아끼기 위한 방법도 탁월했다. 난방을 우리만큼 효율적으로 했던 나라가 세계에 드물다. 벽은 흙과 짚으로 만들어 특별한 장치를 안 해도 보온과 습도 조절이 잘 되도록 했다.

온돌은 어떤 난방 장치보다도 열효율이 뛰어나고 오염이 적었다. 난방을 따로 할 필요도 없이, 아침저녁으로 밥만 지으면 저절로 난방이 되는 것이 바로 온돌이다. 다른 나라를 예로 들면 일본은 더운 물통을 안고 자거나 두꺼운 이불을 덮어쓰거나 화로를 피우는 정도가 고작이었다. 유럽의 벽난로는 열효율도 형편없을 뿐 아니라, 석탄을 태우기 때문에 실내 공기를 크게 오염시켰다.

전통 마을에는 어디에나 숲이 있었다. 대나무 같은 나무를 심어 토사의 유실을 막고, 우물을 더럽힐 수 있는 오염물질은 여과될 수 있게 했다. 집 아래에는 꼭 논밭을 두었다. 수챗물이나 초가草家가 썩어 내려가면 비료가 되어 자연스럽게 문전옥답이 만들어졌다. 인간이 쓰는 땅 중에서 오염물질을 가장 완벽하게 걸러주는 것이 바로 논이다. 그래서 강으로 흘러가기 전에 제일 마지막에 둔 것이 논이다. 강물은 그냥 떠서 마실 수 있을 만큼 맑았다.

옛날에도 도시가 있었다. 대표적인 옛 도시가 서울이다. 전통의 도시는 자원을 아끼고 재활용하며 오염을 최소화하는 구조를 갖추고 있었다. 농사를 지을 수 있는 평야는 그대로 아껴두고 평야 가장자리에 도시를 만들었다. 산을 끼고 도시를 형성한 것은 도시가 비대해지는 것을 막기 위해서였다.

1660년부터 19세기 말에 개방이 이루어지기까지, 서울의 인구는 몇 백 년 동안 늘지도 않고 줄지도 않고 20만 명을 유지해왔다.[1] 오늘날 유럽의 도시들이 환경친화적인 도시의 인구 규모를 20만 명 정도로 잡고 있는 것을 보면, 그 당시 서울도 환경에 무리를 주지 않고 건전한 도시 생태계를 유지할 수 있도록 인구 규모를 유지한 것으로 짐작된다.

도시에서 필요한 땔감은 산림 생태계를 파괴하지 않는 선에서 인근 지역에서 가져왔다. 분뇨는 인근 논밭으로 환원되었고, 물은 하천이나 지하수를 오염시키지 않았다. 도시와 농촌 마을이 서로 어우러져 살아가는 생태학적인 지역사회를 이루고 있었기 때문이다.

한편 우리 조상들은 자연의 이치를 거스르고 환경을 파괴하거나 오염시키는 행위는 천벌을 받을 죄악으로 여겼다. 그래서 환경 파괴는 지금으로서는 상상도 하기 힘든 큰 형벌로 다스려졌다.

중국의 공자와 그의 제자가 나눈 이런 대화가 전해진다. 제자가 "어느 나라에서는 재를 버린다고 곤장 스무 대를 치는데, 이는 너무 가혹한 형벌이 아닙니까?"라고 묻자 공자가 답하기를 "재를 안 버리는 것은 아주 쉬운 일이다. 이런 쉬운 죄를 엄한 벌로 막아 백성들을 행복하게 살게 하는 것은 좋은 일이다"라고 했다고 한다.

우리나라의 옛 마을에서 다음과 같이 새겨진 금표禁標가 발견되었다. 금표는 돌에 법규를 새겨 사람들이 볼 수 있게 세워둔 비석이다. 이 금표에는 '재를 버리는 자 곤장 30대, 똥을 버리는 자 곤장 50대棄灰者 杖三十, 棄糞者 杖伍十' 혹은 '재를 버리는 자 곤장 80대, 가축을 방목하는 자 곤장 100대棄灰者 杖八十, 放牲畜者 杖一百' 같은 문구들이 적혀 있었다.[2] 똥과 재를 버리는 짓은 유용한 거름을 낭비하는 것이고, 강이나 길의 환경을 오염시키는 짓이므로 엄한 벌로 다스렸던 것이다. 가축을 방목하여 숲을 훼손하는 행위도 큰 벌로 다스렸다.

우리 민족은 나무에 특별한 애착을 가지고 있었던 것 같다. 조상들은 나무를 신성한 것으로 생각해 함부로 베면 천벌을 받는다고 믿었다. 그래서 먼저 제사를 지내고 난 후에야 나무를 베었다. 집을 짓거나 땔감으로 쓸 나무를 과도하게 베어 산림을 훼손하지 못하도록 '송목금벌松木禁伐'을 강조했다.[3] 특히 소나무 숲을 가꾸기 위해 '송금작계절목松禁作契節目'이라는 규정을 두었다. 주민들은 나무를 심기 위해서 계契까지 모은 것으로 알려져 있는데 이렇게 해서 만든 숲을 송계림松契林이라고 불렀다.[4]

그린벨트는 조선시대에도 있었다. 특별히 보호해야 할 산림을 금산禁山, 혹은 봉금구역封禁區域으로 묶어두었다. 서울 주변의 산들은 대개 금산으로 지정되었고, 지방에서도 소나무를 보호하기 위해 금산이 지정되었다. 조선의 헌법인 『경국대전經國大典』에는 금산에서 벌목을 하거나 채석을 한 자는 곤장 90대를 치고, 벌목한 수만큼 나무를 다시 심도록 했다. 실제로는 이보다 더 엄격하게 시행했던 것으로 전해진다. 세조 때의 기록에 의하면 불법으로 금산의 소나무 한 그루를 베어내는 대가는 곤장 100대였다. 두 그루면 곤장 100대를 친 후에 군복무를 시키고, 열 그루면 곤장 100대를 친 후 오랑캐 지역으로 추방했다.[5] 이렇게 환경범죄에 대한 형벌이 엄했기 때문에 환경범죄를 저지른다는 것은 보통사람으로서는 감히 생각하기 어려웠으리라고 짐작된다.

고대 문명국가들은 대부분 땅을 황폐화시켰다. 그러나 우리나라는 이 땅에서 수천 년간 농사짓고 살아오면서도 땅을 잘 보존해왔다. 작은 땅에서 농사를 지어야 했기 때문에 땅을 소중하게 생각하고 땅을 소진시키지 않으면서 농사를 짓고자 노력했다. 그래서 우리나라 사람들은 옛날부터 검소하게 살아왔다. 그것은 우리 조상들이 오랫동안 삶에서 얻은 지혜였고 삶의 방식이었다.

그러나 반만년 동안 일구어온 자연과 삶의 방식은 모두 사라졌다. 일구어오는 데는 반만년이 걸렸지만 없어지는 데는 반백 년도 걸리지 않았다.

전통의 토지이용 형태

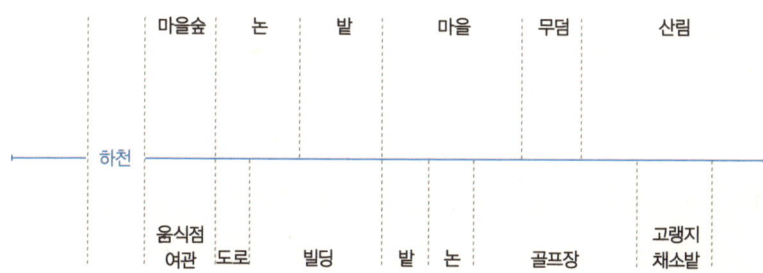

현대의 토지이용 형태

그림1 토지이용 형태 비교

환경을 말하는 자는 국가의 반역자

수천 년 지켜온 우리 산하에 큰 시련이 찾아왔다. 그 시련은 일제가 조선을 침략하면서 오래도록 소중하게 가꿔왔던 숲을 철저하게 망가뜨리면서 찾아왔다. 1910년부터 1945년까지 우리 산림의 70%가 감소했다. 무릇 나라를 빼앗기면 제일 먼저 빼앗기는 것이 아리따운 처녀들이고, 건장한 청년들이고, 우람한 나무들이다. 조선의 여자들은 정신대로, 청년들은 남의 나라 전쟁터로 끌려 나갔고, 나무들은 잘리고 불태워져 목재나 목탄으로 제조되었다. 일제가 패망할 무렵에는 각 도마다 할당된 목탄을 바치느라고 큰 나무 작은 나무 할 것 없이 베어졌고, 나무를 가져가기 위한 뗏목들이 부산 부두와 강들을 뒤덮었다.

19세기 말부터 동양척식주식회사가 대규모로 산림을 황폐화시켜 우리 국토는 토사가 유실되고, 홍수와 가뭄이 빈번해졌으며, 토양이 척박해지기 시작했다. 일제의 만행을 겪고도 살아남았던 나무들마저 한국전쟁(1950~1953)을 거치면서 사라졌다.

1962년, 박정희 정권이 제1차 경제개발 5개년 계획을 추진하면서부터 이 땅에서 수천 년 동안 이어져 내려오던 환경윤리와 가치관, 삶의 방식은 완전히 뒤바뀌어 버렸다. 1962년에 우리나라의 1인당 국민소득은 82달러에 지나지 않았다. 이는 당시 아프리카 가나의 소득 179달러의 절반에도 미치지 못하는 것이었다.[6] 당시는 오로지 배고픔을 해결하는 것이 우리 모두의 목표였다. 그때 이후 자연을 망가뜨리며 맹렬한 속도로 달려온 '폭주기관차'는 지금까지 한 번도 멈춘 적이 없다.

박정희 정권은 환경보존을 경제발전을 가로막는 장애물로 간주했다. 환경문제를 거론하는 것은 그 자체로 '국가적 반역행위'가 되었다. 자연을 해치는 것을 중죄로 다스리던 시대가 가고 이제 자연을 지키려

사진1 1930년대 경기도 여주
이것이 일제강점기 말 우리 산림의 모습이다.
수천 년 아름답게 지켜온 산은 이렇게 황폐해졌다.

는 사람들이 반역자로 탄압받기 시작했다.

1970년대 말, 부산수산대학교(지금의 부경대학교)의 원종훈 교수가 수산양식장의 환경오염도에 관한 논문을 발표하자 이 대학의 학장이 면직되었다. 원 교수는 중앙정보부에 끌려가 고문을 당하고 몇 년 후 사망했다. 원 교수의 제자는 고문 후유증이 사망 원인이라고 말했다.

나 역시 1970년대 말에는 환경에 관한 강의는 아예 꿈도 꾸지 못했고, 1980년대부터는 공해현장 조사를 나가거나 강연을 할 때마다 안기부 직원들의 감시가 따라붙었다. 울산공단의 공해문제를 신문에 알리자 정부로부터 많이 시달리기도 했다. 그때만 해도 환경청의 임무는 환경문제를 덮는 것이었다. 당시 공해방지법이 있었지만, 기준이 너무 느슨하여 오히려 그 기준을 어기는 것이 어려울 정도였다. 정부는 기준을 어겼는지 조사하여 처벌을 한 적도 없었다.

1962년 제1차 경제개발 5개년 계획과 더불어 건설된 울산공단의 대기오염으로 1978년에 삼산평야의 벼들이 전부 말라 죽는 일이 벌어졌다. 농민들은 쌀 한 톨 수확할 수 없었지만 보상도 제대로 받지 못했다. 당시 현장 조사를 나갔는데, 농민 두 가족이 집단 자살을 했다고 한다. 그들은 평생 애써 일궈온 논밭이 누렇게 타버린 것을 마냥 지켜봐야 했던 사람들이었다. 온산공단에서는 화학물질로 마을 우물이 모두 오염되어 주민들은 마실 물조차 없어져 버렸다. 농기구로 무장한 농민들이 공장 앞으로 몰려가 시위를 했다. 그러나 당시 일반 시민들은 독재정치 하에서 이들의 고통을 제대로 알 수도 없었고 이들과의 접촉도 불순한 행동으로 간주되어 허락되지 않았다.

경제개발 기치 아래 공단확장을 계속해온 정부는 주변 환경이 심각하게 오염되면 공단 자체의 문제를 해결하지 않고 언제나 주민들을 이주시키는 정책을 써왔다. 1985년 정부는 울산과 온산공단의 환경문제를 해결한다며 결국 주민 3만 7,000여 명을 이주시켜버렸다. 선진국에서는 공해문제가 발생하면 어떻게 했는가를 조사했더니 주민을 이주시킨 나라는 없었다. 사람이 살던 동네에 공장이 세워졌고, 그 공장에서 공해가 발생해 그 결과로 사람이 살 수 없게 되었으면 공장문제를 해결해야지, 왜 사람을 쫓아내냐는 것이다.

2007년 12월 태안 앞바다에 시커먼 기름이 쏟아졌을 때도 어부들은 끝내 자살해버렸다. 평생 자신들을 먹여 살려주었던 바다가 오늘도 내일도 시커먼 기름으로 뒤덮여 있는 것을 바라보며 어민들의 가슴도 시커멓게 타들어 갔다. 2009년에는 경남 김해 낙동강 하천부지에서 농사짓던 농부가 4대강 토건공사로 농지가 몰수되자 이를 비관하며 목숨을 끊었다.

사람은 '관계'가 잘못되면 적응하고 살아갈 수가 없다. 부부 간에도 매일 싸우면 적응이 되어 재미삼아 싸우게 되는 것이 아니라 갈수록 견디지 못하고 헤어지고 만다. 이웃 간에도 매일 싸우면 결국은 그냥 이사를 가버리고 만다. 자연과 사람의 관계도 그러하다. 한평생 정성을 쏟았던 농토가 망가지고 매일 더불어 살던 바다가 망가지는 것을 보고는 견딜 수가 없는 것이다.

해방 이후 줄곧 우리나라의 환경은 오염되었고, 그리고 사람들이 더러 죽어갔다. 죽어간 그들은 어쩌면 우리 시대의 '반역자'였는지도 모른다. 경제개발이 지상과제였던 국가에게 자연은 개발과 정복의 대상이었으니 자연과 함께 살아가고자 했던 그들은 국가의 반역자가 되었다. 그러나 그들은 이 땅에서 오래전 '사라진 사람들'의 얼마 남지 않은 후손들이었다.

정부는 이렇게 시작된 성장 위주의 경제개발정책을 지금까지 계속 밀고 왔다. 국가라는 이름으로.

2. 국가라는 이름으로

지난 50여 년간 우리나라 국토의 기본 골격을 형성한 것이 대형국책사업들이다. 4대강 토건사업은 가장 대표적인 국책사업이다. 규모에서는 단군 이래 최대의 국책사업이고, 반세기 만에 만들어낸 토건국가가 갖고 있는 모순의 결정판이다. 국책사업들은 그 규모가 큰 만큼 우리나라 국토와 환경, 사회·경제 분야에까지 광범위한 영향을 끼쳐왔다. 다음에 살펴볼 대표적인 국책사업 중에는 현재 진행중인 것도 있고 이미 완료된 것도 있다. 그러나 사업이 완료되었어도 그로 인해 바뀐 강토의 모습과 우리 생활에 미치는 영향력은 완료되지 않는다.

다목적댐 건설 사업 - 댐 밀도 세계 1위

4대강 토건사업은 댐을 세워 홍수를 막겠다는 것이 중요한 명분 중 하나였다. 사실 정부와 국토해양부는 지난 수십 년간 홍수피해가 발생할 때마다 댐을 더 지어야 홍수를 막을 수 있다며 수십조 원을 써왔

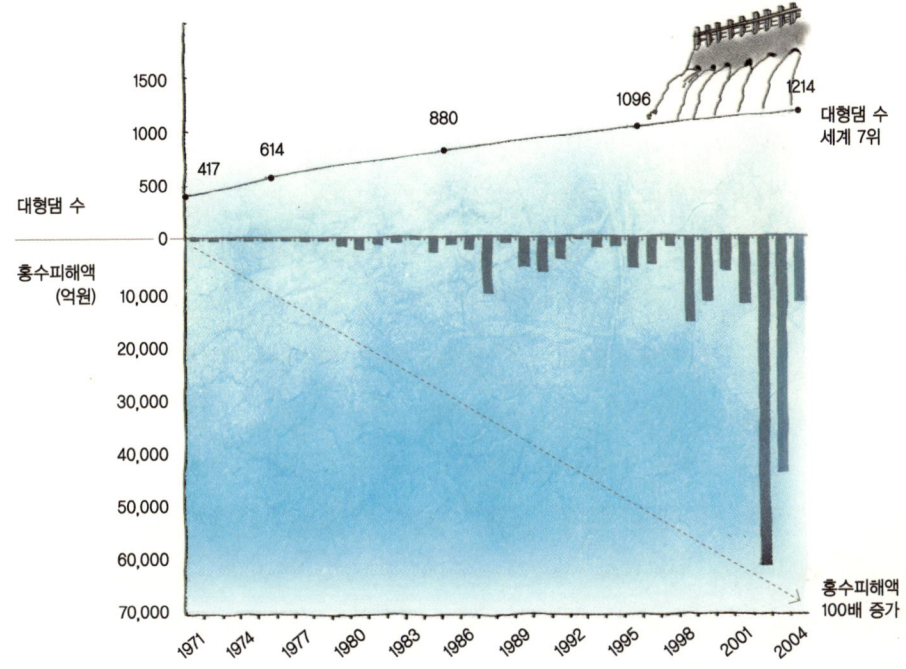

그림2 **대형댐 건설과 홍수피해**
대형댐을 많이 짓고 하천을 정비했으나
홍수피해는 오히려 급격히 늘어났다.
자료 : 통계청, 「통계연보」, 2004년.

다. 그동안 댐을 너무 많이 지어서 현재 한국의 대형댐 개수는 세계 7위이다. 국토면적당 댐 밀도는 세계 1위이다.[7] 정부는 2002년 국제댐위원회WCD에 한국의 대형댐을 1,214개로 등록했다. 그러나 한국에는 대형댐만 있는 게 아니다. 한국에는 물을 가두는 댐이 1만 8,000개가 넘는다. 이 말은 곧 한국에서는 거의 모든 샛강, 개천, 강이 댐으로 막혀 있거나 인공 구조물로 물의 흐름이 차단되어 있다는 의미이다.

정부는 댐을 지어 홍수도 막고 가뭄도 해결한다고 주장하지만, 댐으로 이를 둘 다 동시에 해결하기는 어렵다. 홍수를 막으려면 댐에 물을 빼 두어야 하고 가뭄을 막으려면 물을 채워 두어야 한다. 그래서 오히려 큰 비가 왔을 때에 더 많은 물을 내려 보낸 적이 많다. 홍수피해를 막는다고 많은 댐을 지었지만 홍수피해는 오히려 급격히 늘었다. 2005년 현재 홍수피해액은 1970년대의 100배에 이르렀다.[8] 홍수를 부추기는 공사를 더 열심히 추진했기 때문이다.

한국은 여름에 호우가 집중되기 때문에 대형댐이 꼭 필요하다고 주장하는 사람들이 있다. 그러나 위도가 한국보다 아래에 있어 여름이나 우기에 우리보다 더 많은 호우가 집중되는 나라도 있다. 열대 지방의 나라들은 건기와 우기가 완전히 구분되어 건기에는 비가 한 방울도 내리지 않는다. 그러나 이 나라들이 모두 대형댐을 가지고 홍수와 가뭄을 관리하지는 않는다. 일본은 여름에 한국보다 비가 더 많이 내리지만, 한국처럼 큰 댐이 없다. 우리가 보기에는 대부분 소규모 댐들이다. 그나마 근래에는 주민들의 반대로 댐을 거의 짓지 못하고 있다. 그런데도 홍수피해 인구는 1970년대의 1/100로 줄었다.[9] 한국은 대부분의 예산을 홍수피해 '복구'에 쓰고 있는데, 일본은 대부분의 예산을 홍수피해 '예방'에 쓰고 있다.

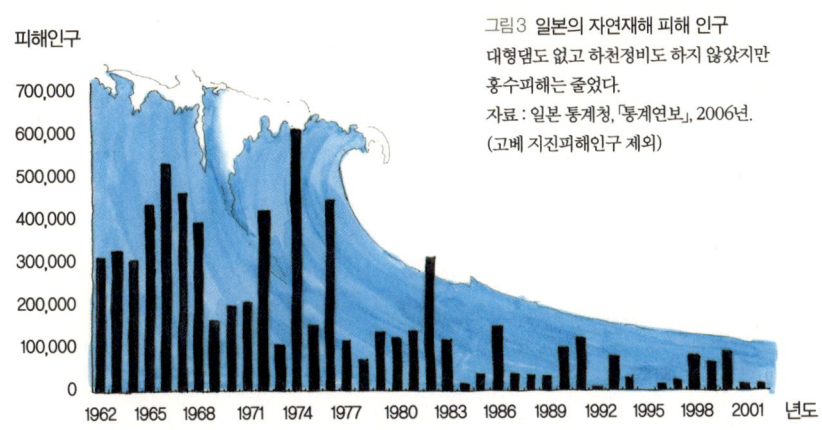

그림3 일본의 자연재해 피해 인구
대형댐도 없고 하천정비도 하지 않았지만 홍수피해는 줄었다.
자료 : 일본 통계청, 「통계연보」, 2006년.
(고베 지진피해인구 제외)

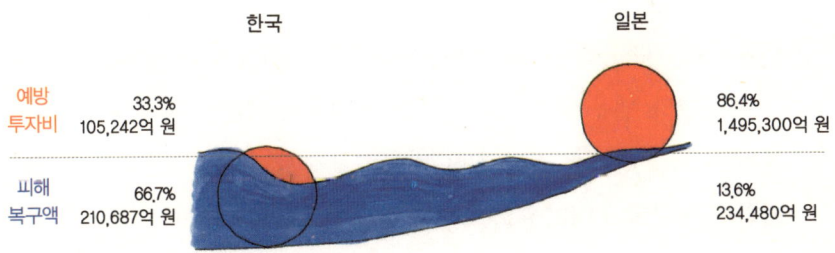

그림4 한국과 일본의 홍수대책비 2000~2004
한국은 피해복구에 66.7%를, 일본은 예방대책에 86.4%를 쓴다. 자료 : 소방방재청, 2006년.

댐이 크면 재난의 피해도 크다. 미국, 캐나다, 프랑스, 호주 등에서는 댐을 건설하고 40~50년이 지나면서 댐이 터져 큰 피해를 입는 사례들이 늘고 있다. 그래서 세계적 추세는 오히려 재난을 막기 위해서 위험한 댐들을 해체하고 있다.[10] 중국은 화이허淮河 유역에 '1,000년 빈도의 홍수를 견디는 댐'을 지었다고 자랑했다. 그러나 1975년에 그만 2,000년 빈도의 홍수가 와서(1,060mm/일) 반차오板橋 댐과 시만탄石漫灘 댐, 그리고 하류의 62개 댐이 줄줄이 터져버렸다. 결국 이재민 1,100만 명, 사망자 23만 명이라는 엄청난 희생을 치러야 했다.[11]

한국의 연천댐은 1996년과 1999년 두 차례나 400년 빈도의 폭우를 견디지 못하고 터져서 큰 피해를 냈다. 연천댐은 1983년 이명박 대통령이 현대건설 사장 재직 시절 만든 댐이다. 침수피해 주민들이 현대건설을 상대로 민사소송을 제기해 2008년에야 4억여 원의 피해 배상을 받았다. 2차 붕괴 후 9년이 걸린 것이다. 2009년에는 북한이 예고 없이 황강댐을 방류해 임진강 유역에서 인명피해가 발생했다.

댐은 지구적 차원에서 큰 문제를 일으키고 있다. 하천의 흐름을 변형시키고, 기후변화를 초래하며, 생태계뿐만 아니라 한 사회의 문화까지 파괴한다. 댐은 급속도로 성장하는 몇몇 도시들을 위해 수천 년 땅에 뿌리 박고 살아온 마을을 일거에 수몰시키고 희생시킨다. 심지어는 지반에 돌이키기 어려운 커다란 영향을 미친다.

20세기 말에 세계은행과 댐 건설업체의 대표들까지 참여해서 '국제댐위원회'가 만들어졌다. 이 위원회는 「댐과 발전」이라는 보고서에서 다음과 같이 댐 건설에 대한 경고를 하고 있다.

댐은 효과와 형평성에 있어서 개발의 가치가 의심스럽고, 댐 계획은 대안을 충분히 검토하는 과정에서 결정해야 하며, 불가피할 경우에도 사회적 동의를 구하고, 댐의 운영과정에서도 정기적 성과 분석을 통해 효과를 검증해야 한다.[12]

1996년 건설교통부는 「수자원장기종합계획」에서 2011년까지 국내 연간 물 수요량이 65억t 증가할 것이라면서 그 때까지 다목적댐 20개를 더 건설해서 65억t의 물을 추가로 공급하겠다고 밝혔다. 그 당시 10개의 다목적댐에서 93억t의 물을 공급하고 있었다. 하천에서 공급받을 수 있는 양은 200억t으로 제한되어 있기 때문에, 댐을 더 만들어 늘어난 수요를 채워야 한다는 것이었다.[13] 그러나 큰 댐을 지어서 물 문제를 해결하겠다는 것은 안이한 발상이다.

정부의 수자원 정책은 '공급을 늘리는 방법'만 찾고 있다. 정부가 할 수 있는 효과적인 수자원 정책은 수도 없이 많다. 가정에서 물을 아낄 수 있도록 집 구조를 개선하고, 아파트 단지에는 중수도 시스템을 만들고, 공장에는 물을 재활용하는 무방류 시스템을 만드는 데 투자해야 한다. 30%가 넘는 상수누수율은 10% 이하로 줄이도록 해야 한다.

우리가 쓸 물이 부족하다고 해서 강물이 바다로 흘러가는 것을 아까워하는 사람들이 많다. 그런데 한국은 강물을 많이 쓰는 나라로 이미 물 사용률이 30% 이상이다. 강은 바다로 흘러가야 한다. 바다는 강이 날라다 주는 영양분을 바라보고 사는 것이다. 그 영양분으로 물고기가 자라면 그 물고기를 새들이 먹고 육지에 똥을 싸주고 어부들이 육지로 잡아와서 영양이 순환되는 것이다. 바다로 흘러가는 강물이 바다를 살리고 생물을 살찌우는 원동력이다. 그러니 바다로 흘러가는 강물을 아까워하지 말 일이다.

간척 사업 – 세계 최장 길이 새만금 방조제

1991년 착공한 새만금 방조제 공사가 19년의 공사를 끝내고 2010년 4월에 준공식을 열었다. 새만금 간척 사업은 애초에 예산이 1조 2천억 원이었으나 결국은 6조 원으로 부풀려 2만 8,000ha의 농지(순수 논 1만 8,000ha)를 조성해 식량 안보를 높인다는 계획으로 추진된 사업이었다. 그러나 정부는 새만금 간척 사업 강행을 발표하고 얼마 지나지 않아 "쌀이 남아돈다"고 발표했고, 이어서 "과잉생산을 방지하기 위해 3만ha의 농지를 유휴농지로 돌리겠다"고 발표했다. 실제로 매년 3만ha의 농지를 다른 용도로 전용해왔다. 초기 목적과는 정반대의 근거와 정책을 내놓은 것이다.

2006년 3월, 정부는 대법원 판결에서 승소하자마자 방조제 건설을 끝냈다. 매립면허는 농지조성용으로 허가받았으나 토지이용계획안은 이와는 전혀 다른 것이었다. 정부는 '군산 크기만 한 도시용지, 울산공단 크기만 한 공업단지, 512홀 규모의 골프장을 포함한 관광용지와 부두시설 건설'로 뒤바뀐 토지이용계획안을 내놓았다.[14] (그림 5)

허가된 매립면허 내용과 어긋나는 명백한 불법 행위이다. 새만금을 이러한 복합산업단지로 조성하기 위해서는 6조 원의 예산으로는 불가능한 일이다. 총공사비가 27조 원, 평당 조성비가 96만 원에 이르는 엄청난 예산과 장구한 시일이 필요하다. 산업단지로서의 타당성 또한 없는 사업이다. 현재 이보다 훨씬 싼 단가로 산업단지를 조성해둔 곳에서도 입주업체가 없어 쉬고 있는 공단이 많다. 새만금 인근의 군산공단은 평당 분양가가 31만 5,000원에 지나지 않으나 분양률은 20%에도 미치지 못한다.

카지노를 만들고, 골프장을 만들고, 공업단지를 만들자고 왜 엄청

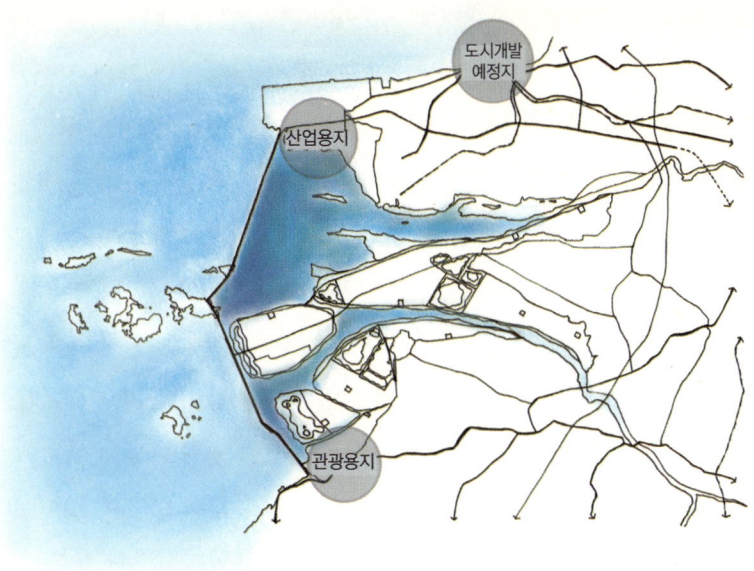

산업용지	1,870ha (울산공단 규모)
도시용지	3,110ha (군산 규모)
관광용지	990ha (512홀 골프장 포함)
항　만	6~24선석 (부산부두 규모)

그림5 정부의 대법원 판결 승소 후 변경된 새만금 토지이용계획안
이와 같은 토지이용계획안은 방조제를 막지 않고도 충분히 가능했다.

국가라는 이름으로　145

난 비용을 들여 소중한 갯벌을 막아버린단 말인가. 새만금 간척 사업은 국민의 80%가 반대했지만, 20%의 목소리가 워낙 커서 강행되었다. 이제는 많은 사람들이 정부가 국토를 효율적으로 만들기 위해서가 아니라 간척 공사 그 자체로 생존하는 기업, 수자원공사와 농어촌진흥공사 등의 이익을 위해 간척 사업을 하고 있다고 생각한다.

사업의 목적과 그 타당성이 갖는 문제점보다 훨씬 심각한 것은 환경 오염이다. 정부는 '새만금의 유입수를 깨끗하게 한다'는 이유를 들어 사업을 추진했지만 이는 전혀 타당성이 없는 주장이다. 새만금보다 먼저 추진되었던 시화호 간척 사업의 결과를 보면 명확하다. 시화호 사업은 물을 1년이고 2년이고 담아둘 수 있는 담수호를 만드는 것이었다. 이는 환경공학적으로 애초에 불가능한 계획이었다. '고인 물은 썩는다'는 말처럼, 아무리 깨끗한 물이라도 담아두면 썩게 마련이다. 그래서 나는 '시화호를 막으면 재앙이 될 것'이라고 경고한 적이 있다.

> 현재와 같이 시화 담수호에 유입되는 각 하천의 오염물 농도가 이대로 유지되면 장래의 시화 담수호의 상황은 아주 위험한 수준에 도달할 수 있다.
>
> 김정욱, 「안산시 하천정화시설 설치를 위한 조사연구」, 1991년 10월, 116쪽.

그러나 정부는 1995년 끝내 시화호를 막았다. 당시 1주일간 배를 타고 돌아다니며 시화호 수질 조사를 했던 다섯 명의 연구원들은 조사 후 모두 아파서 누워버렸다고 한다. 지금 시화호에는 조개 시체가 널려 있다. 시화호 간척 사업에는 6,000억 원의 공사비가 들었지만, 수질 대책비는 1조 원에 가깝다.

연도	금액
1996년	4,493억 원(환경부)
2000년	4,896억 원(환경부)
2001년	7,451억 원(해양수산부)
2004년	9,522억 원(해양수산부)

표1 시화호의 수질 대책비

　새만금공동조사단의 보고서에 의하면, 새만금은 앞으로 시화호를 비롯한 국내의 어떤 담수호에 못지않게 더 수질이 나빠질 것이라고 예측했다. 1조 원의 예산을 퍼부으며 정부가 할 수 있는 최대한의 대책을 세워도 나아지기 힘들 것이라고 했다.[15] 아무리 천문학적 돈을 들여 유입수를 깨끗하게 처리해도 시화호나 새만금 같은 담수호의 물은 썩을 수밖에 없다. 이런 물을 농업용수나 공업용수로 사용하는 것은 애초부터 불가능한 일이다. 원래 새만금 갯벌 2만ha는 하루에 10만t을 처리하는 하수처리장 40개의 기능을 했다.[16] 밀물 때 잠기고 썰물 때 드러나는 갯벌을 없애고서 그 비싼 하수처리장을 지어봐야 헛일이다. 게다가 간척 사업을 하게 되면 바닷물의 흐름에 변화가 생겨 해안선이 바뀌게 된다. 많은 해수욕장에서 모래가 사라지고 있다. 서해안 지역은 개펄까지 퇴적되어 해수욕장으로서의 가치를 잃어가고 있다. 갯벌은 해일을 막아주고, 해안이 침식되지 않도록 막아주는 중요한 생태적 기능과 함께 돈으로 매길 수 없는 심미적 기능이 있다. 이 기능들이 모두 사라지는 것이다.

갯벌 간척이 국가적 차원의 경제에 끼친 손실은 엄청나다. 새만금 사업으로 2만 8,000ha의 땅을 확보하여 그중에서 1만 3,000ha의 논을 만들겠다고 하는데, 나는 농업 소득보다 갯벌이 사라짐으로써 잃게 되는 어업 손실이 더 클 것으로 평가한 바 있다. 새만금공동조사단의 보고서에 의하면, 새만금에서 생산되는 수산물 소득은 연간 505억 원인 반면 갯벌을 농지로 조성해서 얻을 수 있는 소득은 연간 49억 원에 불과하다.[17] 간척한 땅에서 씨를 뿌리고 밭을 갈고 비료와 농약을 치며 농사짓는 것보다, 갯벌에서 나는 것을 잡아 얻을 수 있는 수산업의 소득이 훨씬 높다.

우리 식탁에 오르는 물고기의 90% 이상이 갯벌과 직간접적으로 관련이 있다.[18] 갯벌을 없애면 물고기는 안 잡힌다. 식량 중에서 가장 생산량이 낮고 부족하기 쉬운 것이 단백질을 포함한 식량이다. 단백질 식량이 가장 비싼 이유가 바로 거기에 있다. 육지에서는 단위면적당 단백질 생산을 가장 많이 할 수 있는 방법은 쌀농사를 짓는 것이다. 그러나 쌀농사보다 훨씬 더 단백질을 많이 생산하는 방법은 수산자원을 얻는 것이다. 최근 수산학자들의 연구는 이를 뒷받침해준다. "영국의 수산학자들은 천해 양식장과 목장의 단위면적당 단백질 생산량을 비교할 때 목우는 약 1/15, 양돈은 약 1/5~1/7, 양계는 약 1/2~1/3정도로 양식업보다 생산성이 낮다고 주장한다. 유사한 주장은 한국의 수산학계에서도 나오고 있는데 연해의 생산성은 농경지 생산성의 세 배를 넘는다는 것이다."[19]

우리는 세계적으로도 양질의 갯벌을 가지고 있다. 서해는 세계에서 간만의 차가 두 번째로 큰 바다이기 때문이다. 그런데 우리는 지금 이 갯벌을 모조리 없애고 있다. 새만금을 막던 날, 평생 고기를 잡으며 바다와 하나 되어 살아온 어민들은 통곡했다. 새만금을 막자마자 조개 시체 더미가 쌓이기 시작하는 것을 보면서 어민들은 눈물을 주체하지 못했다. 물이 오염되어 허연 거품 띠가 연안을 뒤덮고, 수많은 생물들은 죽어가고 있다.

사진2
방조제 완공 이전의 시화호
자료: Landsat 5 TM 93/05/20 KORDI/MEDL (Jeong Jong-Chul).

사진3
방조제 완공 이후의 시화호
자료: Landsat 5 TM 96/09/01 KORDI/MEDL (Jeong Jong-Chul).

철새들은 호주에서 시베리아까지 왔다 갔다 하는데, 그 한가운데 있는 것이 바로 서해안 갯벌이다. 그래서 서해에는 매년 철새들이 날아다녔다. 새만금으로 도요새가 날아오는 모습은 가히 장관이었다. 어떤 도요새는 호주에서 새만금까지 쉬지 않고 잠도 자지 않고 1주일을 걸려 날아온다. 그러면 몸무게의 절반을 잃고, 서해에서 먹이를 먹고 쉬었다가, 다시 시베리아로 날아가 새끼를 친다. 그런데 어느 해 새만금까지 죽을 힘을 다해 날아왔더니 갯벌이 사라진 것이다. 얼마나 황당했겠는가? 이 철새들은 굶어 죽었다. 우리는 비행기만 빼고는 하늘에 날아다니는 것을 다 잡아먹거나 죽이고 있다.

조류 보호단체 〈Birds Korea〉의 발표에 의하면 영종도에 공항이 들어서고 새만금 방조제를 쌓은 이후부터 우리나라 갯벌을 찾는 철새가 절반 이하로 줄었다고 한다. 이는 철새들의 먹이가 되는 우리나라의 수산자원이 전반적으로 줄어든 탓인지도 모른다.

현재 많은 선진국들이 연안습지의 중요성을 새롭게 인식하면서 습지훼손을 전면 금지하거나 연안습지를 개발하려면 그만한 대체 습지를 만들어놓아야만 가능하도록 총량을 규제하고 있다. 간척은 결코 함부로 할 일이 아니다. 갯벌은 그저 그대로 두는 것이 가장 좋은 방법인 것이다. 그런데 한국은 정반대로 가고 있다. 정부는 새만금 방조제가 세계 최장 길이(33.9km)라고 강조한다. 그것은 우리의 무지와 오만의 길이가 세계 최장 길이임을 드러내주는 것은 아닐까.

경부고속철도 건설 사업 – 돈과 에너지도 속도에 비례한다

경부고속철도 건설 사업은 서울~부산 간 열차를 앞으로는 지하철 운행하듯 5분에 한 대씩 다니게 하겠다는 계획이다. 정부는 하루 30

만 명의 승객을 실어 나르기 위해서라고 한다. 하지만 현재 7만 명 정도에 지나지 않는 승객을 30만 명으로 늘리는 것은 불가능할 뿐 아니라 불필요한 것이다.

사업비는 1991년 애초에 5조 원으로 책정되었다. 그러나 실제로는 20조 원이 넘는 예산이 투입되어 네 배가 증가하였다. 과도하게 투입된 예산도 문제지만, 운영을 하면서 재정적자가 점점 늘어나고 있다.

이러한 규모의 고속철도를 가진 나라는 세계에서 일본, 스페인, 프랑스, 독일 정도이다. 이들 나라에서 서울~부산 거리 정도가 되는 구간의 편도 요금은 10~15만 원이다. 현재 서울~부산 간 편도 요금이 5만 원 정도이니 매년 5,000억 원 가량의 엄청난 적자를 기록하고 있다.[20] 게다가 이를 건설하는 데도 상당한 외채를 지고 있다.

정부는 경부고속철도 건설로 서울과 부산을 두 시간 거리로 잇겠다고 한다. 서울과 부산을 두 시간 만에 주파하려면 기차가 시속 350km로 달려야 한다. 그러면 엄청난 에너지가 소모된다. 에너지 사용량은 속도의 제곱에 비례해 증가하기 때문이다. 서울에서 서울까지 이동하는 데 두 시간이 걸리고 부산에서 부산까지 이동하는 데 두 시간이 걸리는 나라에서, 서울에서 부산까지 두 시간에 가는 것이 무슨 소용이 있을까.

고속철도를 만든 이후 중소도시의 교통은 오히려 불편해졌다. 이것은 국토균형발전을 저해한다. 멀리 떨어진 대도시 간을 빠르게 연결하는 것보다 인접도시 간 교통을 원활하게 하는 게 훨씬 중요하다. 서울~인천, 서울~수원, 부산~울산, 부산~마산 간에 급행 전철을 놓는 것이 더 시급하며 유용한 일이다. 서울~부산, 서울~광주 간에는 복선 철도를 놓아, 지금보다 기차가 조금 더 다니게 하면 된다. 이렇게 하면 고속철도를 건설하고 운영하는 것에 비해 예산도 훨씬 적게 들고, 에너지와 자원을 절약하고 대기오염을 줄일 수 있다. 나아가 교통 문제를 효과적으로 개선할 수 있는 방법이 아닐까.

인천국제공항 건설 사업 – 허허벌판에 세운 세계 최대 공항

인천국제공항은 '연간 1억 명을 수송하는 동아시아 중심공항'을 만들겠다는 계획으로 추진되었다. 이 규모는 현재 세계 최대 공항으로 연간 5,700만 명 규모인 시카고의 오헤어O'Hare 공항보다 두 배나 큰 것이다.

정부는 인천국제공항이 '미국이나 유럽까지 2~3시간 안에 이동할 수 있는 극초음속 초점보기를 위한 공항'이라고 국민에게 홍보했다. 이 비행기가 뜰 수 있도록 공항을 만들려면 활주로가 보통 비행장보다 두 배 이상 길어야 하고, 공항 건물도 수천 명이 동시에 탈 수 있도록 설계해야 한다. 그러나 인천을 제외하면 세계 어디에도 이런 공항을 짓는다는 곳은 아직 들어보지 못했다. 그러니 이 비행기는 인천에서 뜰 수 있을지는 몰라도 내릴 비행장은 전 세계 어디에도 없다.

정부는 이 공항이 완공되면 '서울에서 아침 먹고 미국에서 점심 먹고 프랑스에서 저녁을 먹을 수 있다'고 홍보했다. 나는 아침을 먹고 나서 두 시간 만에 미국에 도착하면 캄캄한 밤일 텐데 어떻게 점심을 먹으며 미국에서 프랑스로 날아가면 역시 캄캄한 밤일 텐데 어떻게 저녁을 먹느냐고 질문을 했는데, 아직까지도 답은 듣지 못했다.

항공 교통의 세계적 추세는 한 대륙의 중심공항에서 갈아타는 것이 아니라, 출발지와 목적지 공항을 직접 연결하는 것으로 바뀌고 있다. 따라서 경유지로서 중심공항을 목표로 한 인천국제공항은 미래 발전적이지 않고 세계적 추세에도 역행한다.

또한 대륙의 중심공항이기 이전에 먼저 우리나라의 중심공항이 되어야 하지 않겠는가? 하지만 인천은 국내 중심공항이 되기에도 부적합한 지역이다. 아무것도 없는 국토의 서북쪽 끝에 공항을 만들어놓고 도로, 철도, 전기, 물 등의 부대시설들을 완전히 새로 건설해서 공급하고 있다. 이런 곳에 세계에서 제일 큰 공항을 지어놓고 그 많은 승객들을 오가게 하면 얼마나 자원과 에너지의 낭비가 심하겠는가.

인천국제공항의 지형적 입지는 치명적 안전 위험을 안고 있다. 이곳은 지면이 해수면보다 낮아 대형 둑으로 막고 건설한 것인데 이 둑이 터지면 끝이다. 굳이 왜 이곳에 국제공항을 세우려고 했는지 이유를 알 수 없다.

인천국제공항이 2005년부터 2009년까지 5년 연속 세계 공항 서비스 1위를 차지한 것은 칭찬할 만하다. 그러나 이 공항은 적자투성이다. 최근에 흑자로 돌아섰다고 하나 이는 세금을 감면받은 결과이고 엄밀하게 따지면 적자인 셈이다.

감사원은 인천국제공항이 2032년까지도 적자를 면할 수 없다고 지적했다.[21] 현재 인천국제공항까지 연결된 공항 고속도로의 운영적자가 2001년~2008년에 연간 780억 원, 공항철도가 2008년에 1,666억 원 정도이다. 앞으로 이 철도가 서울역까지 연결되면 매년 4,000억 원 이상의 적자가 예상된다. 2009년에 세계에서 일곱 번째 긴 다리로 완공된 인천대교도 매년 1,000억 원 정도의 적자를 낼 것이라고 한다. 이 돈은 대부분 외국계기업으로 빠져나간다. 이것이 바로 우리 국토를 '고비용-저효율' 구조로 만들면서 수도권 집중을 심화시키는 전형적인 예이다.

오히려 기존의 김포공항과 청주공항을 확장해 두 공항을 보완적으로 사용하는 방안이 나왔을 것이다. 충청권에 행정복합도시가 만들어지면 그 지역에도 공항이 필요할 것이니, 청주공항이 그 기능까지 담당할 수 있었을 것이다. 혹은 오산이나 수원의 공군비행장을 국제공항으로 활용하고, 통일 후에 공군기지를 흡수하여 확대하는 방안을 고려해야 했다. 그러면 기존의 시설을 효율적으로 활용하면서도 에너지와 자원을 절약하고 환경피해도 적었을 것이다. 이는 인천국제공항 건설비의 1/5 내지 1/10 미만의 건설비로도 충분히 가능한 일이었다.

7×9 고속도로망 건설 사업 – 자동차가 사람보다 넓게 사는 나라

'7×9 고속도로망' 건설 사업은 '자동차로 전 국토를 반나절에 갈 수 있도록' 국토를 남북으로 가로지르는 고속도로 7개와 동서로 가로지르는 고속도로 9개를 건설하는 것이다. 그래서 7×9 고속도로망과 이를 연결하는 수많은 도로가 도시 곳곳에 뚫리고 있다. 한반도 남단이 거대한 그물에 포박당한 느낌이다.

이 고속도로망이 완공되면 한국의 고속도로 밀도는 세계 1위가 된다. 일본보다 네 배가 높다. 한국은 이미 2008년 말에 도로면적이 주거면적을 앞섰다. 이것은 사람보다 차가 더 넓은 땅을 차지하고 있다는 의미이다. 도로는 또 얼마나 넓은가? 주차장은 또 얼마나 많은가? 광화문 사거리는 가로 길이만 100m가 넘는 세계에서 가장 넓은 차도이다. 너무 멀어서 한 번에 건너지도 못한다.

도로가 너무 넓어서 촛불집회를 하기는 참 좋다. 촛불집회에는 서울시장 재직시에 이명박 대통령도 참여했었다. 내가 하면 애국충정, 남이 하면 불법폭력인가. 촛불집회를 한 후 여러 시민·사회단체가 '불법

폭력단체'로 지정을 받았으며 촛불집회에 참가한 시민들 중에서도 많은 사람이 수배를 받거나 감옥에 가고 벌금을 무는 등 많은 고초를 겪었다.

너희는 재판에든지 도량형에든지 불의를 행치 말고 공평한 저울과 공평한 추와 공평한 에바와 공평한 힌을 사용하라(레위기 19:35~36).

그림6 7x9 고속도로망 건설 계획
자료 : 국토해양부, 2008년.

국가라는 이름으로 155

이렇게 도로와 주차장을 너무 많이 건설해서, 한국의 자동차들께 서는 OECD에서 제일 바쁘시다. 한국의 자동차 대당 주행거리는 선진국 어느 나라보다 높다. 한국의 1년 평균 주행거리가 2만 6,000km인

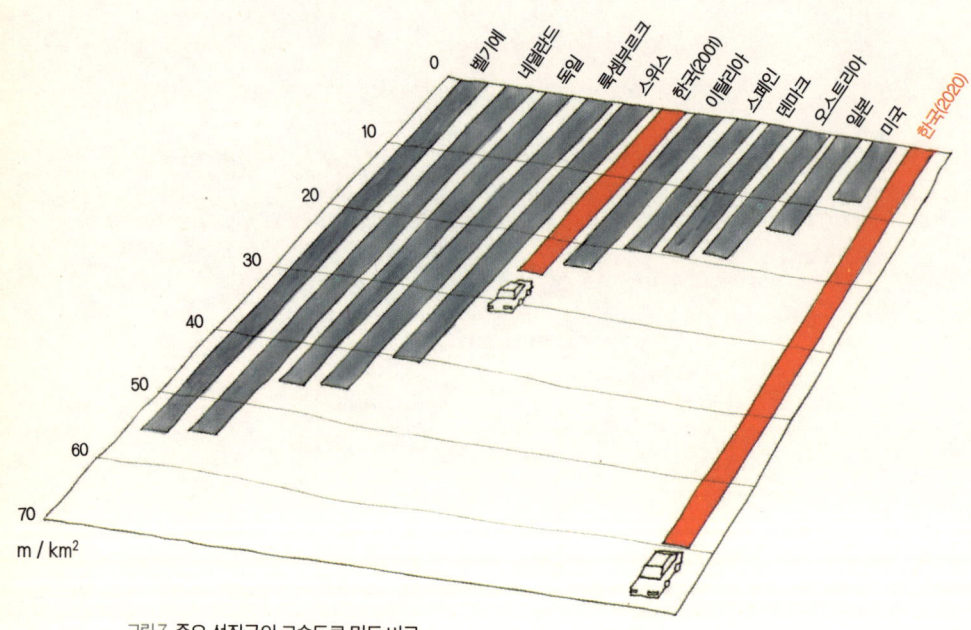

그림 7 주요 선진국의 고속도로 밀도 비교
자료 : IRF(International Road Federation), *World Road Statistics*, 2001년.

주거지역 2,350 km² (2.2%)

데 비해, 미국은 1만 8,000km, 영국은 1만 5,000km, 일본은 1만 km에 지나지 않는다.[22] 도로는 끊임없이 건설되고 있으니, 우리나라 자동차의 주행거리가 더 줄어들지는 않을 것이다.

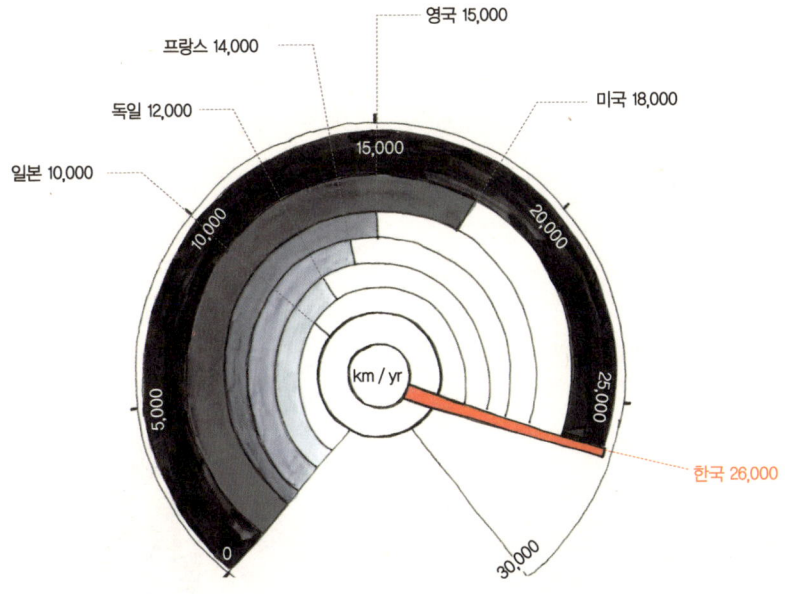

그림8 승용차 연간 평균 주행거리
김운수 외, 「서울시 노후 자동차 환경성 증진 방안에 관한 연구」, 서울시정개발연구원, 1999년.

그림9 주거면적과 도로면적 비교
자료 : 국토해양부, 2008년.

그 결과 한국의 교통 에너지 소모는 전체 에너지 수요의 23%에 이를 정도로 지나치게 많다. 자동차를 타면 기차를 탈 때보다 아홉 배의 에너지가 더 들고, 자동차의 대기오염배출량은 전체 교통수단 중 가장 높다. 과도한 자동차 이용으로 한국의 도시는 오염된 공기와 시끄러운 소음이 가득하고, 도로는 시도 때도 없이 막히는 곳이 되었다.

민자도로를 건설하기 위하여 빌린 외채가 2009년 12월 기준으로 289억 달러에 이른다. 그중 많은 도로들의 교통량이 계획교통량에 훨씬 못 미쳐 적자를 국고에서 메워주고 있다. 정부의 교통 정책에는 큰 모순이 있다. 공항은 마치 국민 모두가 비행기를 탈 것처럼 계획하고,

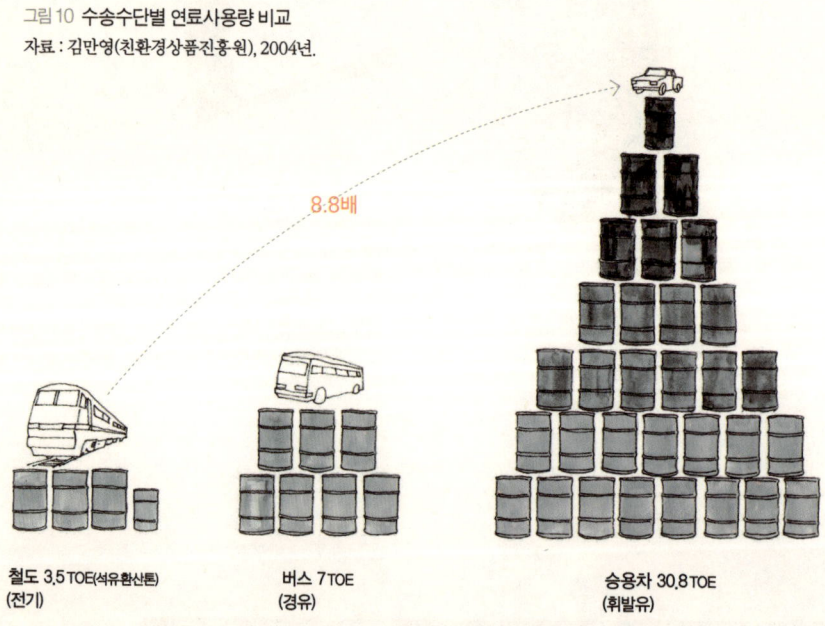

그림10 수송수단별 연료사용량 비교
자료 : 김만영(친환경상품진흥원), 2004년.

철도 3.5TOE(석유환산톤)
(전기)

버스 7TOE
(경유)

승용차 30.8TOE
(휘발유)

승객 100만 명을 1km 수송 할 때

철도는 국민 모두가 철도를 탈 것처럼 계획한다. 고속도로는 국민 모두가 자동차를 탈 것처럼 계획한다. 도로를 많이 놓으면 더 멀리까지 더 빨리 이동할 수 있다고 생각한다. 한국의 교통 정책은 차를 많이 타도록 유도하면서 에너지를 더 많이 소비하도록 조장한다. 이는 실질적으로 교통 문제를 해결하는 방법이 아니다. 환경오염을 악화시키고 고비용-저효율의 국토 구조를 만들어내는 방법이다. 일본의 대학 교수들은 자동차로 출퇴근을 할 수 없다. 도쿄 대학교는 자동차가 들어오지 못하게 정문을 막아놓았다. 내가 근무하는 서울대학교의 교수들은 대부분이 자동차로 출퇴근을 한다.

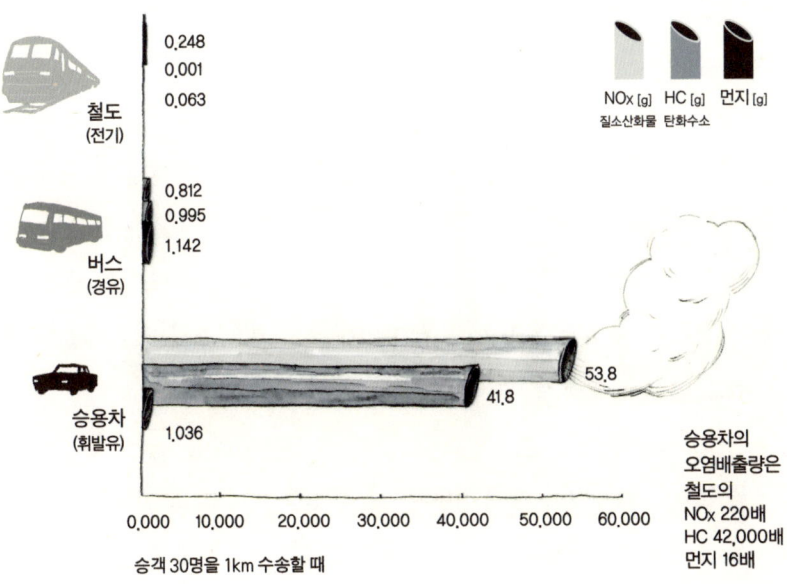

그림 11 수송수단별 대기오염 배출량 비교
자료 : 김만영(친환경상품진흥원), 2004년.

교통 문제의 해결 방법은 더 많은 '공급'에 있지 않다. 많이 다니지 않고도 편리하고 경제적일 수 있도록 국토를 계획하는 것이 교통 정책의 핵심이다. 구체적으로 세 가지를 생각해 볼 수 있다.

첫째, 수요를 줄이는 방향으로 지역사회를 구축해서, 차를 타지 않고도 살 수 있도록 계획해야 한다. 분당이나 일산처럼 일터와 멀리 떨어진 곳에 베드타운을 만드는 방법은 적절하지 못하다.

둘째, 에너지를 적게 사용하고 환경오염을 최소화할 수 있는 교통 체계를 구축해야 한다. 안산이나 창원처럼 도시 내에서 자동차를 타야만 이동할 수 있는 도시는 적절하지 못하다. 도시 내에서는 도보, 자전거, 에너지 절약형 소형 자동차 이용을 확대하고, 주차장을 줄이고 주차비를 올려 교통 혼잡을 해결해야 한다. 미래의 자동차 연료로 거론되는 태양 에너지나 수소 전지로는 아직까지 자동차를 대형화하거나 고속화하기가 어렵다.

셋째, 도시 간에 철도를 놓아 철도 이동을 확대해야 한다. 교통 문제뿐 아니라 대기오염 문제를 해결하는 방법이다. 100만 명을 1km 수송하는 데 승용차는 30.8TOE의 에너지가 들지만, 전기 철도는 3.5TOE밖에 들지 않는다. 철도를 이용하면 에너지 사용량을 1/9로 줄일 수 있다. 많은 연구결과가 이 사실을 증명하고 있고[23] 스위스를 비롯한 유럽 선진국의 미래 교통 계획도 바로 그러하다.

발전소 건설 사업 – 세계 최대의 원자력 밀도

한국의 원자력 밀도는 세계 최대이다. 2008년 현재 20기의 원자력 발전소가 가동되고 있다. 그런데도 이명박 정부는 앞으로 16기를 더 건설하여 총 36기를 가동하겠다고 발표했다. 원자력 발전소뿐 아니라 영흥도에는 세계 최대의 석탄 발전소 단지를 건설하려고 한다. 전국 곳곳에 발전소와 고압 송전탑이 세워지고 있다. 정부는 2020년까지 이 발전소들이 모두 건설되면 전기 생산량이 두 배로 증가할 것이라고 한다.

원자력 발전소 1기를 건설하기 위해서는 6조 원 가량이 든다. 우리나라가 UAE에 원전 4기를 건설하는 데 200억 달러 계약을 맺었다고 한다. 이는 1기당 건설비가 6조 원 가량 된다는 뜻이다. 발전소 16기를 짓는 데 총 100조 원 가량이 드는 셈이다. 지금까지 한국전력공사가 발전소를 건설하기 위해 빌린 외채가 300억 달러에 이른다. 1997년 외환위기 당시 IMF에서 빌린 돈이 600억 달러가 되지 않았다. 300억 달러는 엄청난 비용이다.

한국은 에너지의 97%를 수입하는 나라다. 그러나 에너지 효율은 OECD국가 중 가장 낮은 그룹에 속한다. 국산 에너지라고 할 수 있는 재생 에너지는 거의 사용하지 않는다. 신재생 에너지 비율이 2006년 당시 1.9%라고 했지만, 이 중 93.5%가 폐기물 소각에서 나오는 에너지이다. 실제 재생 에너지의 비율은 0.12%밖에 안 된다.[24]

이런 상황에서 엄청난 국부國富가 에너지 과소비를 촉진하는 정책에 들어가고 있다. 정부는 교통 정책과 마찬가지로 에너지 정책도 공급을 늘리는 방법만 찾고 있으니 나라의 앞날이 우려되는 것이다.

한국보다 소득이 훨씬 높으면서도 1인당 에너지 사용량이 적은 선진국들은 미래에는 더욱 에너지 사용량을 줄이는 길을 가고 있다. 덴마크는 1970년대 석유파동 이후 줄곧 에너지 효율 개선과 절약 정책을 펼쳐왔다. 지난 30여 년간 경제는 성장했지만 에너지 사용량은 거의 늘지 않았다. 재생 에너지 비중은 2005년 현재까지 전체 에너지의

17%까지 늘렸다.[25] 2020년까지는 에너지 사용을 2000년 사용량의 절반으로 줄이겠다고 한다.[26] 독일은 2050년까지 에너지 사용을 지금의 45% 수준으로 줄이고, 거의 모든 에너지를 재생 에너지로 대체하는 시나리오를 제시했다.[27]

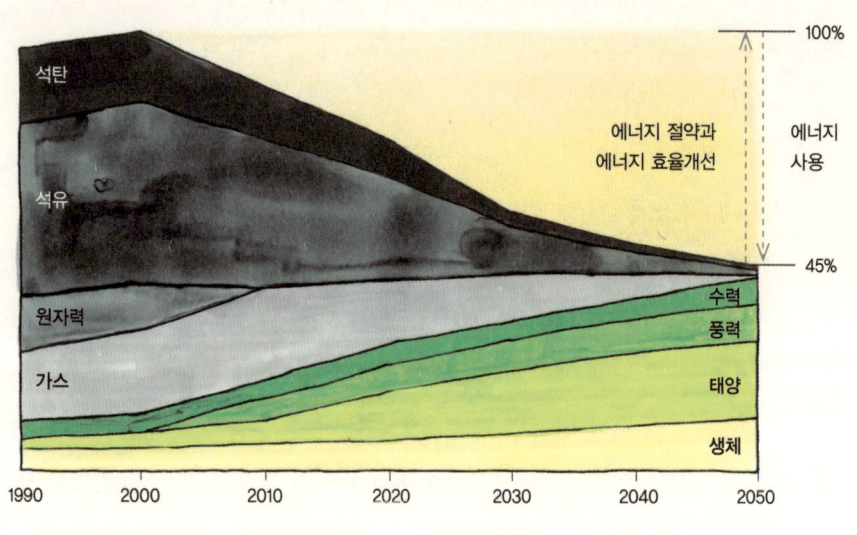

그림 12 독일의 2050년까지 에너지 정책 시나리오.
자료 : www.wind-energie.de

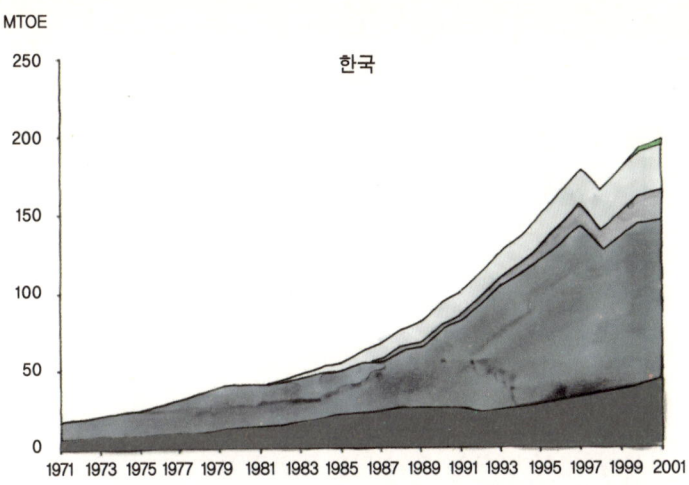

	한국	덴마크
에너지 사용 (2001)	200MTOE	20MTOE
1인당 소득 (2004)	14,162달러	38,590달러
1인당 에너지 소비	4.10TOE	3.64TOE

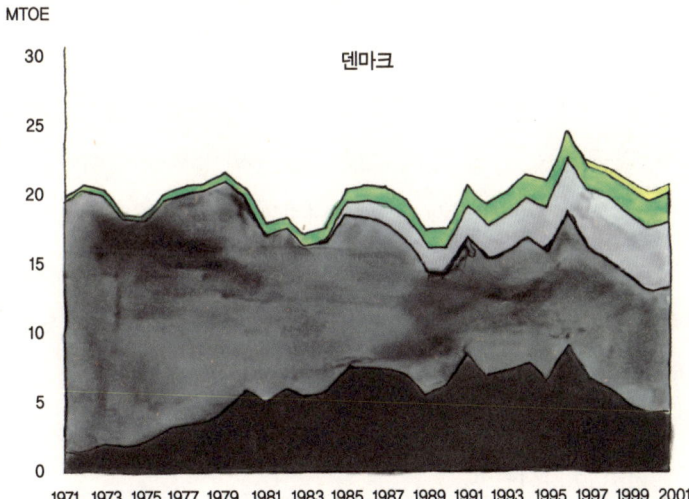

■ 석탄 ■ 석유 ■ 가스 ■ 원자력 ■ 재생에너지와 폐기물에너지 ■ 지열/태양에너지/풍력

그림 13 한국과 덴마크의 에너지 사용 성장 비교. 자료: IEA, *Energy Statistics*.

이웃나라 일본은 어떤가? 일본은 1970년대 산업구조조정을 추진하면서, 에너지와 자원의 낭비를 없애고 효율적으로 사용하기 위해 산업 전반을 개조했다. 일본도 이 당시 경제는 성장했지만 에너지 사용은 거의 늘지 않았다. 일본은 현재까지 선진국 중에서도 에너지 효율이 무척 높은 나라 중 하나이다.

세계에서 가장 많은 에너지를 낭비하는 미국에서조차 획기적인 에너지 절약 정책을 펴고 있다. 클린턴 전 대통령은 담화문에서 건물의 냉·난방 에너지는 절반으로, 교통 에너지는 1/3 수준으로 줄이는 목표를 제시했다. 이 담화는 백악관을 친환경적으로 개조한 후 에너지 사용이 절반으로 줄어든 사실을 확인하고 발표한 것이다.

선진국들은 왜 이렇게 에너지 절약 정책을 세울까? 그것은 2050년이면 우라늄과 석유가 고갈되기 때문이다.

우리 정부도 더는 '지속가능한 에너지 정책'을 미룰 수 없다. 이미 실용화 단계에 들어선 에너지 절약 기술을 국가경제 전반에 도입하고, 가정, 상업, 산업, 교통의 각 부문에 상용화시켜야 한다. 산업체의 전동 시설, 건물의 냉·난방 시설, 조명 시설 등의 절약 기술이 이미 상업화되고 있다. 이것만 개선해도 2020년까지 국내 전체 에너지 수요의 29%를 절약할 수 있다.[28] 이렇게 에너지 효율을 향상시키는 데 드는 투자비는 연간 5조 원 정도이다. 이 투자비는 에너지 절감 효용으로 5년 내에 회수할 수 있다. 1기당 6조 원이 드는 원자력 발전소를 더 짓고 에너지 공급을 늘리는 것이 우선인가? 낭비되는 에너지 수요를 절약하는 것이 우선인가?

지금처럼 국토의 한쪽 끝에 대형 발전소를 짓고 다른 한쪽 끝에는 큰 소비처를 만들어 전기를 보내는 구조에서는 에너지 손실이 대단히 크다. 송전 손실까지 보태서 계산했을 때, 에너지 효율을 29%까지 올린 예가 없다. 그러니 필요한 곳에서 에너지를 만들어 쓰도록 해야 한다. 그러면 70% 이상의 효율을 올릴 수 있다.[29] 에너지원을 다양하게 하여 서로 보완하는 '분산형 시스템'을 구축해나가야 한다. 이것이 지속가능한 에너지 정책이다.

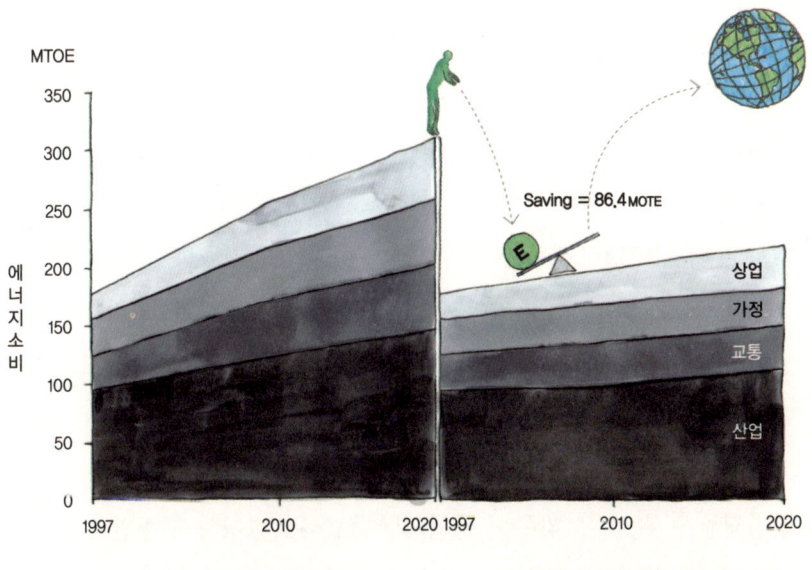

원자력 발전소 16기
건설비 100조 원

가정, 상업, 산업, 교통 분야
에너지 효율 개선비 연간 5조 원
(5년내 투자비 회수)

그림 14 에너지 효율 개선으로 인한
에너지 절약 가능성
존 번 외, 『에너지 혁명: 21세기 한국의
에너지 환경전략』, 매일경제신문사, 2004년.

손해는 모두가, 이익은 소수가

지금까지 살펴본 대형국책사업들은 공급위주 개발의 전형을 보여준다. 정부는 수요를 실제보다 과장하면서 더 많이 공급하면 문제가 해결될 거라고 말한다. 그러나 공급위주 개발에만 몰두해온 한국 경제는 '고비용-저효율'이라는 기형적 구조가 되어버렸다. 이런 국책사업들은 불필요한 에너지를 낭비하면서도 효과는 거의 없을 정도로 비효율적이고, 엄청난 재정적자로 '세금 먹는 하마'가 된다. 국가 경제에 큰 부담을 주면서 경제위기를 불러오는 근본 원인이 될 수도 있다.

국책사업은 늘 세계 최고, 세계 최대를 선망한다. 정부는 실질적이면서도 비용이 적게 드는 해결방법이 있어도 무시하기 일쑤이다. 그런 정책을 펴면 국민들 모두에게 이롭고 일자리도 생기는데, 소수의 대기업과 중장비를 동원해 큰 것만 지으려고 한다. 그래야 공사비가 수십 배로 올라가고 정부관료들과 기업들이 이익을 얻기 때문이다. 손해는 모두가 보고 이익은 소수가 가져간다. 국토 환경에 돌이키기 어려운 악영향을 미쳐왔음은 물론이다.

대형국책사업의 진행방식을 보면 계획단계에서부터 공개적인 논의를 거쳐 사업여부를 결정하지 않는다. 먼저 정치적으로 사업 진행을 결정해놓은 뒤, 그에 맞추어 사업타당성조사보고서가 꾸며진다. 환경영향평가는 사업이 시작되고 난 뒤에 형식적으로 이루어진다. 이러한 타당성조사보고서나 환경영향평가보고서에 많은 사실들이 왜곡되어 기록되는 것은 당연한 일이었다.

이렇게 해서 공사가 시작되면 '한번 시작된 국책사업은 중단되지 않는다'는 신념 하에 무서운 속도로 강행되었다. 예산은 서너 배, 대개는 그보다 훨씬 더 크게 올려지고, 비판의 소리는 모든 수단과 방법을 동원해 침묵시키며 사업을 밀어붙였다. 이런 방식은 최근까지도 그대로 이어져 4대강 토건공사에서 우리는 그 모습을 그대로 보고 있는 것이다. 대형국책사업은 1962년부터 반세기 동안 무서운 속도와 굉음으로 한반도 남단을 밀어붙여온 거대한 불도저였다. 그 앞에서는 아무도 막아설 수 없었다. 민주화가 이루어졌다고 하는 지금도 유독 국토개발에 관련된 국책사업에서만큼은 봉건적 왕권통치가 이루어지고 있다.

강의 죽음은 언제부터 시작되었나

환경오염 중에서 국민 모두가 피해를 보는 것은 공기와 물의 오염이다. 30~40년 전만 해도 서울의 하늘은 참 맑았다. 내가 대학을 다니던 1960년대만 해도 남산에 올라가면 인천 앞바다까지 훤하게 볼 수 있었다. 1980년대에 들어서자 북악산조차 보이지 않게 되었다. 서울의 대기 오염도는 OECD 1등이다. 서울을 비롯한 수도권에서 대기오염으로 매년 1만 명 이상이 사망하고 있다고 한다. 하루 평균 일조 시간은 3.97시간으로 5년 전보다 31%나 감소했다.[30]

현재 수돗물을 안심하고 마시는 국민은 '서울 시장'(일단 그 말을 믿어주자)을 비롯해 전 인구의 1%밖에 되지 않는다.[31] 한국에는 수돗물을 '마시는' 사람이 없지만 일본에는 수돗물을 '못 마시는' 사람이 없다. '맑은 물 대책'에 수십조 원을 쏟아 부었지만 물을 오염시키는 정책은 더욱 빠르게 추진되어 결과적으로 수질은 더욱 나빠졌다.

1960년대까지만 해도 한강의 물은 그냥 떠서 마실 수 있었다. 여름이면 10만 명이 넘는 사람들이 한강에서 수영을 했다. 한강은 서울 사람들의 휴식처였다. 광나루, 뚝섬, 한강철교 주변에는 은빛 모래 가득한 백사장이 수십 리 펼쳐졌고, 사람들은 나루 주변에 옹기종기 모여

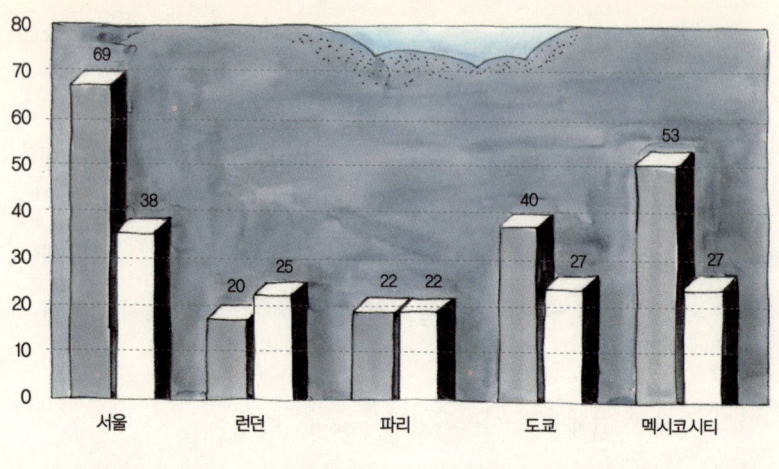

그림 15 세계 주요 도시의 대기오염 수준
서울은 멕시코시티를 제치고 세계 1위를 기록했다.
자료: OECD, 2006년.

서울과 수도권의 대기오염으로 인한 피해(명/년)	
조기사망	~ 11,127
호흡기질환	~ 16,804
만성기관지염	~ 7,808
급성기관지염	~ 1,223,396
급성호흡기질환	~ 1,693
충혈성심부전증	~ 31
천식	~ 544
총 피해액: 2조8천억 원 ~ 10조4천억 원/년 전 세계적으로 연간 200만 명 이상이 사망(UNEP)	

표2 대기오염 피해
자료: 유영성, 「수도권 대기오염의 사회경제적 비용분석」, 경기개발연구원, 2004년.

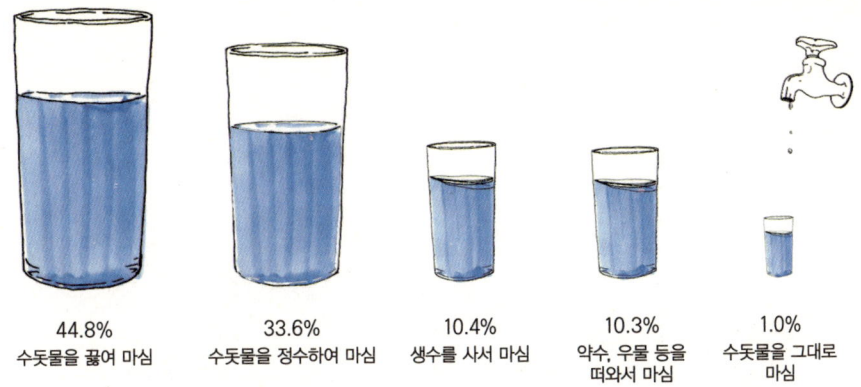

그림 16 수돗물 안전성에 대한 국민 인식 조사
수돗물을 그대로 마신다는 국민은 1% 미만이다.
자료 : 환경부, 「대통령직 인수위원회 업무보고」, 2003년 1월.

삶을 꾸려갔다. 낚시로 생계를 유지하는 사람들이 많았고, 강 주변에는 한강에서 잡은 붕어, 잉어 등의 온갖 물고기 요리를 파는 식당들이 즐비했다. 한강변의 모래톱은 아이들의 놀이터였다.

그러나 어느 순간 강가의 모래들은 어디론가 실려 나갔고, 사람들도 다른 일거리를 찾아 떠나갔다. 아이들은 자연이라는 놀이터를 잃어버렸다.

한강의 모습이 지금 형태로 바뀌게 된 것은 박정희 정권의 '한강개발 3개년 계획'(1968~1970)이었다. 이것을 '제1차 한강종합개발'이라 부른다. 두 번째 탈바꿈은 1982년에 시작된 제5공화국의 '한강종합개

사진4 1960년대 한강에서 수영을 즐기는 사람들   사진5 먹물 흐르는 금호강

발사업'부터였다.

　이로써 오늘날 우리가 보고 있는 한강의 모습이 만들어졌다. 둑 위에는 넓은 자동차 전용도로가 생겨서 사람들이 한강에 쉽게 다가갈 수 없게 되었고, 주변에는 대규모 아파트 단지가 들어섰다. 한강에는 난지도, 저자도, 여의도, 잠실도, 석도 등의 섬들이 많았다. 그러나 잠실도를 비롯한 거대한 섬은 육지가 되어 수십만이 사는 아파트 단지가 되어버렸고 구불구불하던 강은 직선으로 바뀌어갔다. 그렇게 한강은 제 모습을 잃어버렸다.

　사람들은 이 개발을 '한강의 기적'이라 부른다. 가난과 전쟁을 딛고 흘러왔던 한강이 지금 풍요의 불빛 속에서 찬란하게 흐른다. 그러나 그 찬란한 빛은 생명의 빛이 꺼지고 도시의 불빛이 어두운 강물에 비쳐진 것이다.

　이것을 모두의 기적인 것처럼 말할 수는 없다. 이 개발을 기적이라고 부를 수 있는 사람들은 개발에서 이득을 본 소수의 사람들뿐이다. 한강의 기적을 위해 많은 것들이 사라져갔다. 맨발로 모래밭에서 뛰어놀던 아이들은 어디로 갔을까? 고기를 잡아 팔던 마을 사람들은 어디로 갔을까? 백사장을 거닐거나 수영을 하던 서울 사람들은 어디로 갔을까?

　그렇게 한강의 모습이 온데간데없이 사라지는 데는 20년도 채 걸리지 않았다. 낙동강도 마찬가지였다. 그렇게 강은 우리 삶에서 떨어져 나와 흉측한 풍경이 되어버렸다. 그리고 사람들은 강이 생명과 문화의 원천이라는 생각 대신 개발을 하면 돈을 벌게 해주는 부의 원천이라는 생각을 키워 갔다.

　그때부터 이미 '4대강 죽이기'는 시작되었는지 모른다.

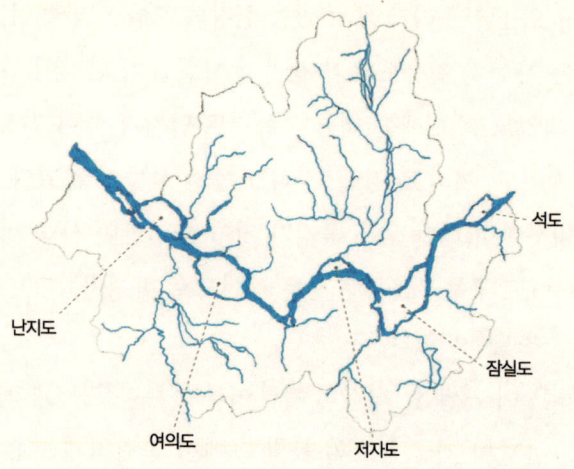

그림 17 한강정비 전 한강 모습
자료: 서울시사편찬위원회, 2000년.

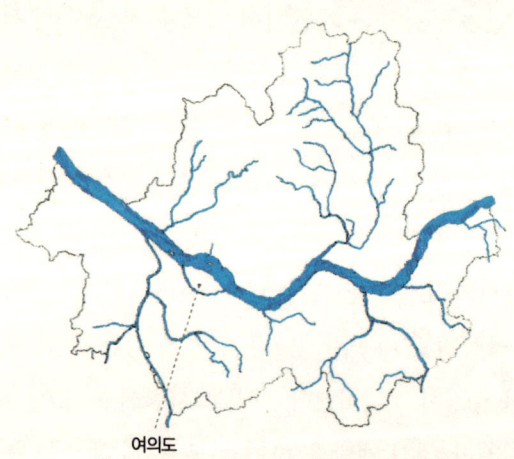

그림 18 한강정비 후 한강 모습
자료: 서울시사편찬위원회, 2000년.

3. 세계 최대 토건국가가 탄생하다

11등과 151등의 격차

대형국책사업이라는 '괴물'은 비대한 덩치를 유지하기 위해 엄청난 자원을 폭식하고, 그만큼의 엄청난 오염물질을 배설한다. 문제는 그 큰 괴물이 마음껏 활보하기에는 이 땅이 너무 작다는 것이다.

2006년부터 세계경제포럼이 국민들이 열악한 환경으로부터 받는 건강피해까지 감안하여 환경성과지수를 발표하고 있는데, 우리나라는 2006년에 133개국 중 42위, 2008년에 149개국 중 51위, 2010년에도 163개국 중 94위로 떨어졌다. 환경성과지수는 환경보건과 생태계 건강성을 평균한 수치인데, 우리나라는 환경보건에서 100점 만점에 80점을 받아 45위를 했고 생태계 건강성에서는 100점 만점에 34점을 받아 151위를 했다.[32]

경제규모는 11위인데 생태계 건강성은 151위. 이 엄청난 격차는 무엇을 의미하는가? 우리는 지금 미래 세대의 공동자산이기도 한 자연을 파괴하면서 우리만의 경제적 풍요를 누리고 있다는 뜻이다. 지금 한국은 소중한 자원을 무분별하게 낭비하는 나라이다.

한국의 GNP당 에너지 사용량은 OECD 국가 중 무척 높은 편에 속한다. OECD 평균보다 50%가 높으며, 일본의 2.7배에 이른다. 한국의 1인당 에너지 사용량은 프랑스, 이탈리아, 영국, 독일을 모두 앞질렀다. 2004년 현재 1인당 국민소득은 일본이 한국의 2.6배이나, 1인당 에너지 사용량은 한국이 일본의 1.1배이다.[33]

경제학자들은 1인당 소득이 5,000달러를 넘으면 환경이 개선되기 시작한다는 쿠즈네츠Kuznets 이론을 자주 내세운다. 그러나 1인당 국민소득이 2만 달러인 한국의 환경오염물질 배출량은 계속 증가하고만 있다.[34] 이미 오래전에 '환경오염성장'이 '경제성장'을 앞질렀다. 1982년에서 1996년 사이, 경제는 연 9.6% 성장한 데 비하여 산업폐수와 산업폐기물은 연 13% 이상 증가했다.[35] 한국의 환경오염밀도는 다른 어떤 선진국보다도 높다. 일본과 비교해서 2004년 현재 아황산가스 배출밀도는 4.4배, 2000년 현재 BOD 배출밀도는 약 20배이고, 유독성 폐기물 배출밀도는 4.5배이다. 한반도는 이제 세계에서도 가장 빠른 속도로 환경을 망가뜨리고 있는 나라 가운데 하나이다.

그러나 정부는 이러한 성장 위주의 경제개발정책을 계속 밀고 나가겠다고 한다. 2020년까지 세운 장기발전전략에서 정부는 1인당 국민소득은 3만 달러로, 자동차는 2인당 한 대 꼴인 2,500만 대를 보급하고, 공장면적은 지금의 2.5배인 380km²를 짓겠다고 한다.[36] 이러한 성장을 뒷받침하기 위해 에너지를 1990년 대비 2030년까지 4배로 늘려 공급하고,[37] 물은 2020년까지 생활용수 연간 82억t과 공업용수 43.2억t을 합쳐 1인 1일당 650l를 공급하겠다고 한다.[38]

	한국	일본
인구	1	3
면적	1	4
경제규모(GNP)	1	7
1인당 소득	1	2.6
SOx 배출밀도	4.4	1
BOD 배출밀도	20	1 (2000년)
유독성폐기물 배출밀도	4.5	1 (2000년)
1인당 에너지사용	1.1 (독일, 이탈리아, 프랑스, 영국을 앞지름)	1
Energy / GNP	2.7	1

표3 한국과 일본의 환경 비교
자료 : OECD, *Environmental Data Compendium* 2004, 2008.
BOD와 유독성폐기물의 2000년도 자료는 Compendium 2004년, 나머지는 Compendium 2008년.

지금 대한민국은 '공사 중'

반세기 동안 온 국토에 대형국책사업을 밀어붙여 건설한 대한민국의 이름은, 세계 최대 토건국가!

토건국가Construction State란 무엇인가? 병적으로 비대한 토건업을 유지하기 위해 불필요한 대규모 토건사업을 끊임없이 벌여서, 막대한 국가재정을 탕진하고 소중한 국토를 파괴하며 엄청난 부패를 만연시키는 기형적 개발국가를 뜻한다.[39]

산업별로 볼 때 경제성장은 대체로 토건업에서 제조업, 금융업 순으로 발전한다. 그러나 한국은 경제성장의 후기 단계로 접어들면서도 토건업의 비중이 줄어들기는커녕 인위적으로 계속 늘어났다. 우리나라는 GDP에서 건설업이 차지하는 비중이 1995~2006년 사이에 평균 19.22%에 이르렀다. 이는 같은 기간 다른 OECD 국가들의 평균인 11.67%를 훨씬 앞지르는 수치이다. 이제 대한민국은 세계에서 가장 많은 토건사업을 벌이는 나라, 세계 최대의 토건국가가 되었다. 세계적인 토건국가로 지목받고 있는 일본도 건설업의 비중이 13.19%에 지나지 않는다.[40] 한국의 시멘트 사용량은 일본의 2배에 육박한다. 참고로 세계에서 철강산업 다음으로 이산화탄소를 많이 배출하는 산업이 시멘트산업이다.

그러나 건설투자의 경제성장 기여도는 갈수록 낮아지고 있다. 최근 삼성경제연구소의 보고서에 따르면, 1980년대 고도성장기에는 대규모 사회간접자본 투자와 아파트 건설이 추진돼 건설투자가 성장률에

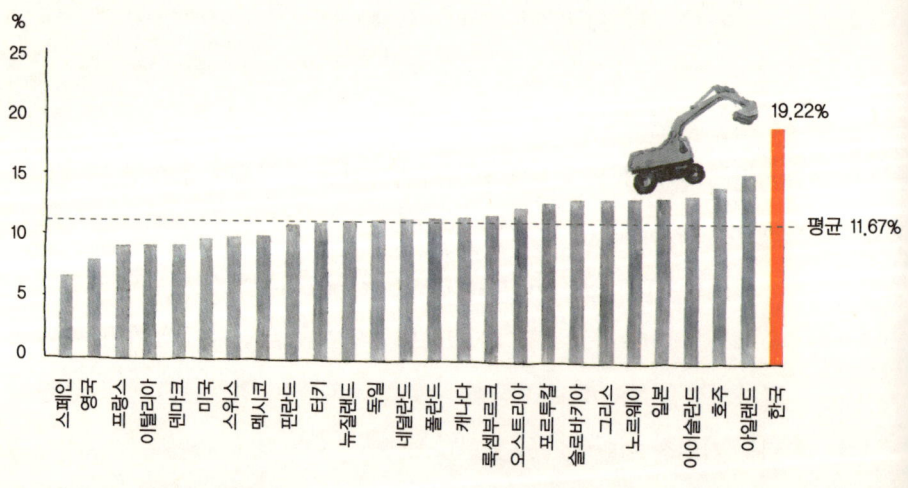

그림 19 건설투자의 GDP 대비 비중 1995~2006
자료: 경제개혁연대, 2009년 10월.

1.4%포인트 기여했으며 1983년과 1990년에는 성장기여도가 3~4%포인트에 달하기도 했다. 그러나 2000년대 들어서는 성장기여도가 0.4%포인트로 떨어졌다. 특히 2005년 들어 건설투자의 경제성장 기여도가 크게 약화돼 2000년대 전반의 절반 수준으로 하락했다.[41] 또 건설업의 노동생산성 개선이 이뤄지지 않고 있다고 보고서는 지적했다. 건설투자의 경제성장 기여도가 감소하고 고용창출 효과도 낮지만, 정부는 경제위기가 닥칠 때마다 인위적 경기부양을 위해 건설투자를 늘려왔다.

한국의 토건업은 연간 발주액이 200조 원을 넘는 거대한 크기이고 이 중에서 공적부문이 차지하는 비중은 무려 50조 원을 넘는다. 연간 발주액의 20% 이상이 부당이득으로서 거대한 부패의 원천이 되는 것으로 추정된다.[42]

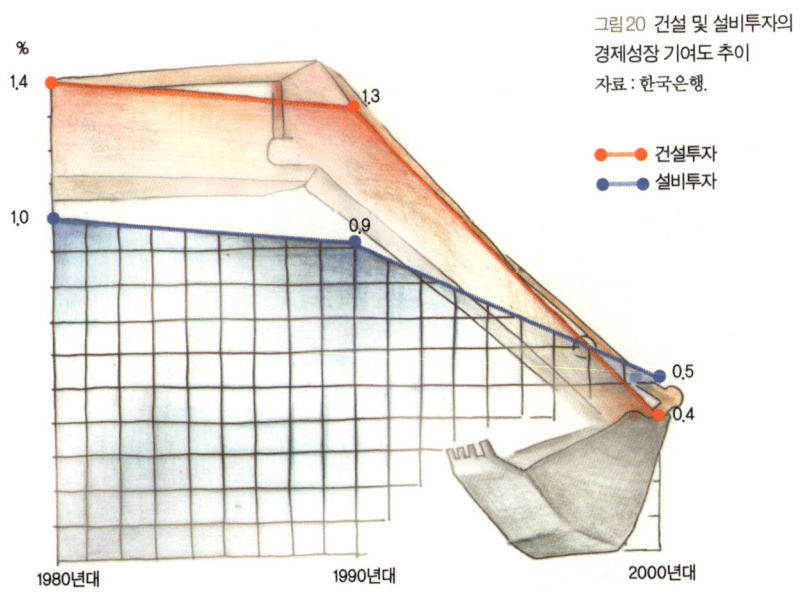

그림 20 건설 및 설비투자의 경제성장 기여도 추이
자료 : 한국은행.

세계 최대 토건국가가 탄생하다

땅값과 부채도 세계 최대

무분별한 토건 개발사업은 한국의 땅값을 천정부지로 올려놓았다. 땅값 통계를 내기 시작한 1963년 이후 서울 땅값은 1,176배가 올랐다. 한국의 땅값은 공시지가로 2,000조 원을 돌파했다. 이 땅값이면 국토 규모가 우리의 100배인 캐나다를 5개 살 수 있고, 5배인 프랑스는 8개 살 수 있으며, 미국은 절반을 살 수 있다.

거대 토건공사는 땅값뿐만 아니라 나라의 빚더미도 높이 쌓아 올렸다. 무분별한 토건공사는 대부분 빚을 내어 진행한다. 2009년 말 현재 한국정부의 부채는 366조 원으로 GDP의 35.6%를 차지한다.[43] 공기업의 부채는 426조 원으로 그중 한국토지주택공사의 부채가 109조 원, 부채비율은 524%이다.[44] 한나라당 이한구 의원의 주장으로는 2009년 지방정부부채와 국가보증채무를 포함하여 한국의 국가채무가 1,439조 원이라고 한다.

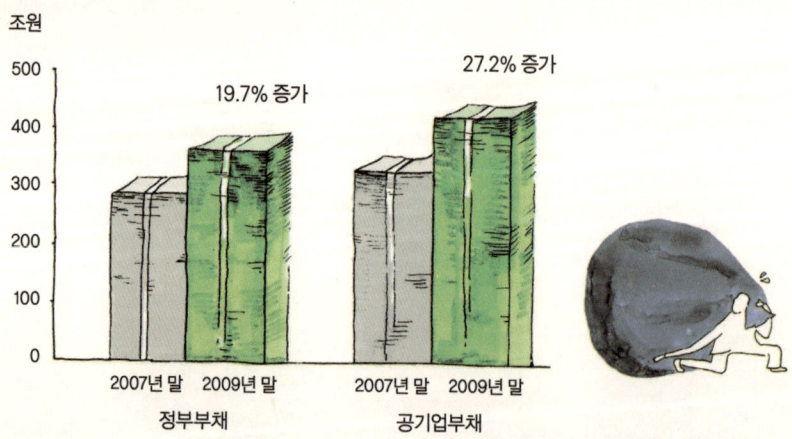

그림 21 이명박 정부의 부채증가
자료: 「대한민국 재정 곳간에 무슨 일이」, 『조선일보』, 2010년 4월 8일.

일본의 국가부채는 2009년 말 현재 871조 엔으로 GDP의 200%이고 국민 1인당 8,800만원의 빚을 지고 있는 셈이다.[45] 일본이 '열도개조론'을 주창하며 열도 곳곳에 토목공사를 벌이면서 1990년대에 일본을 팔면 일본을 뺀 지구를 20개나 살 정도로 땅값이 올랐다. 이것을 두고 많은 사람들이 팍스 아메리카나Pax Americana 다음에 팍스 자포니카Pax Japonica라는 등의 전망을 했다. 하지만 어느 날 갑자기 땅값이 곤두박질치면서 일본 경제는 마비되어버렸다. 일본은 무역흑자를 올리면서 세계에서 가장 많은 외화와 채권을 보유한 나라이지만, 정작 일본 정부는 세계에서 가장 큰 재정적자를 짊어진 나라가 되었다. 이제 많은 사람들이 일본의 앞날을 어둡게 보고 있다. 그런데 지금 한국의 GDP 대비 땅값이 일본을 앞지르는 수준으로 치솟고 있으니, 우리 앞날 또한 밝아 보이지는 않는다. 한마디로 이렇게 빚을 많이 지는 것은 '국운쇠퇴로 가는 길'이다.

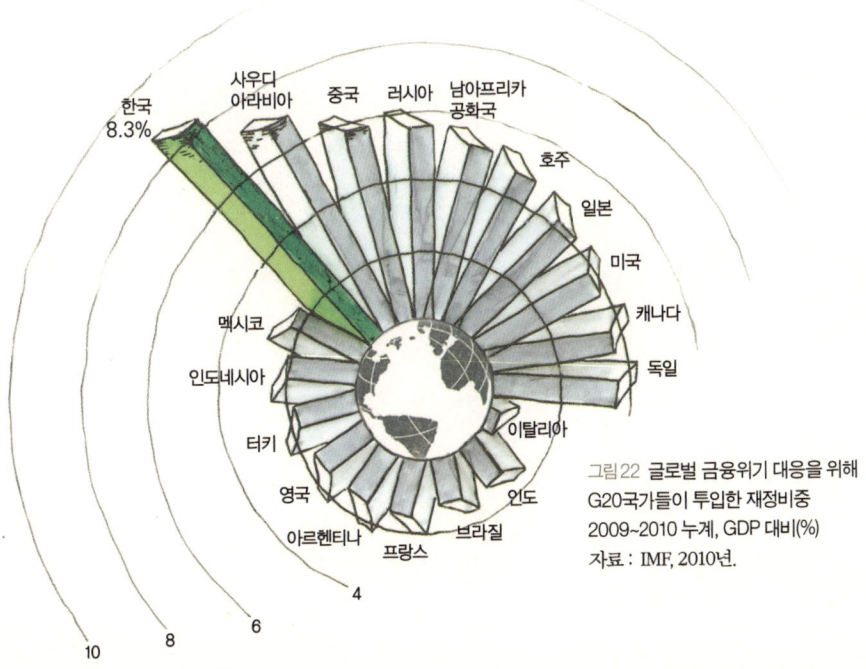

그림22 글로벌 금융위기 대응을 위해 G20국가들이 투입한 재정비중 2009~2010 누계, GDP 대비(%)
자료 : IMF, 2010년.

세계 최대 토건국가가 탄생하다 179

빚지고 살지 말거라

박노해

돈은 늘 생각보다 늦게 들어오고
돈은 늘 생각보다 많이 들어가니
빚내서 일 벌이지 말거라

빚지면 삶이 쫓기게 되고
쫓기면 부실함을 낳게 되고
부실함은 믿음을 깨뜨리니

신용을 잃으면 사람도 잃고 뜻도 잃는단다
빚은 빚을 부르고 불운만 골라서 잡게 하니
어떤 경우에도 빚지고 살지 말거라

어른들 말씀이 귓가에 들리는데

할부카드 할부이자 할부구매 때문에
빚지고 살기 싫어하던 우리 오랜 정신은 망가지고
가정도 회사도 나라도 빚더미에 올라타서
사람도 베리고 미래도 버리겠네

4. 이 땅은 국민이 가꾸어야 한다

산과 들과 바다만 살아있다면

우리나라는 대륙의 나라가 아니다. 초원의 나라도, 평야의 나라도 아니다. 그런데 국가정책을 보면 그렇게 생각하는 것 같다. 우리 한반도는 산의 나라이고 들의 나라이고 바다의 나라이다. 그래서 국토를 가꾸는 데 가장 중요하게 지켜야 할 곳이 산림, 갯벌, 농지, 세 곳이다. 진정한 강 살리기 대책도 전반적인 우리 땅 가꾸기와 함께 이루어져야 한다. 숲은 육상 생태계를 지탱하는 기반이고, 갯벌은 해양 생태계를 지탱하는 기반이며, 농지는 사람이 먹고살 식량을 생산하고 삶을 지탱하는 기반이다. 정부는 국토를 개발대상으로만 보는 대형국책사업 방식에서 벗어나 지속가능한 국토관리 방안, 진정한 우리 땅 가꾸기로 전환해야 한다.

경제정책은 때에 따라 바뀔 수 있을지 몰라도, 우리 자손만대가 살아야 할 국토의 골격을 이루는 국가정책을 원칙 없이 바꾸어서는 결코 안 된다. 이 땅에서 살아갈 사람들과 온갖 생물들을 부양하기에 부족함이 없도록 변하지 않는 근본목표를 세우고, 땅이 황폐해지지 않고 풍성한 생태계를 안정되게 지속할 수 있도록 가꾸어야 한다. 이 목표는 국가의 어떤 정책보다도 최우선으로 지켜야 한다.

숲은 깨끗한 물과 공기를 제공하고, 적당한 하천용수와 바람직한 수질을 유지해준다. 알맞은 기상을 조절해주고, 다양한 생물들에게 서식지를 만들어준다. 숲 가꾸기가 제대로 되지 않으면 수량과 수질, 홍수관리까지 근본적 한계에 부딪히고 만다.

인류 역사상 많은 고대 문명국가들이 산림이 황폐해지는 때에 패망의 길로 접어들었다. 한국에서 현재 무분별하게 이루어지고 있는 산지개발과 골프장 건설은 다시 검토되어야 한다. 산림을 어디에 얼마나 확보하고 어떻게 가꾸어야 하는지, 국가 차원의 확고한 목표를 세우고 어떤 경우에도 양보하지 말아야 할 일이다.

지난 수천 년 동안을 인류가 숲을 훼손해온 역사라고 한다면, 지난 백 년 동안은 해양 생태계를 급격히 파괴해온 역사라고 해도 과언이 아니다. 그 이유는 무엇보다 갯벌을 파괴해왔기 때문이다. 한국의 긴 해안선은 우리가 받은 크나큰 축복이다. 이 해안선만 잘 지켜도 풍부한 수산자원을 얼마든지 얻을 수 있다. 서남해안 어족魚族의 2/3이상이 생애 주기에 한 번은 반드시 갯벌을 거쳐야만 한다.

갯벌 중에서 가장 생산성이 높아 핵심이 되는 곳이 바로 하구 갯벌이다. 그런데 지금 새만금을 비롯한 서해안의 하구는 거의 둑으로 막히고 간척되었다. 해운대를 비롯한 많은 해수욕장의 모래가 사라지고 있다. 하구에 둑을 세워 모래의 유입을 막았기 때문이다. 특히 서해안의 해수욕장은 거의가 개펄로 변해가고 있다. 현재 간척 예정지로 되어 있는 곳들이 대개 어족들의 산란지인 만灣이기 때문에, 무분별하게 만을 없애면 서해의 해양 생태계에 어떤 영향을 미칠지 아무도 모를 일이다. 간척사업을 벌이고 공단을 조성해서 갯벌을 파괴하는 일을 멈춰야 한다.

이제 토양오염과 식생훼손이 대륙 차원으로 번지고 있다. 지금 지구 곳곳에서 사막은 늘어나고 경작을 할 수 있는 토지는 줄어들고 있다. 그동안 화학비료와 농약에 지나치게 의존한 나머지 토지 생산성과 수확량은 한계에 도달했다. 우리나라는 농사를 못 지으면 살 수 없는 나라이다. 논은 우리 주식인 쌀을 비롯한 식량을 생산해줄 뿐 아니라, 홍수를 막고 지하수를 만들어주고 기후를 지켜준다. 이런 논이 망가지고 사라지고 있다. 일정량의 농경지는 반드시 확보해 놓아야 한다.

많은 경제학자들이 쌀농사를 포기하고 그 대신에 공장을 지어야 나라가 발전한다고 주장한 적이 있다. 그 후 본격적으로 '자유무역'이 시작되면서부터는 농업 상황이 더 나빠졌다. 지금 우리 농민들이 가진 땅은 평균 2~3ha밖에 안 된다. 유럽 농민들이 가진 땅은 20~30ha, 미국 농민들이 가진 땅은 수백 ha에 이르는 상황에서 그들과 어떻게 '자유경쟁'이 되겠는가? 한국은 농부들이 농사지으며 살 수 없는 나라가 되어가고 있다. 농촌인구는 대도시로 유입되고 있다.

지금 한국의 식량자급률은 25%도 안 된다. 기후변화와 경제위기가 닥쳐 외국에서 식량을 수입할 수 없게 되면, 전 국민의 생존이 위협받을 것이다. 경제위기는 앞으로 언제든지 다시 올 수 있다. 인도네시아, 태국, 러시아, 브라질처럼 농사를 유지하며 식량을 자급자족해온 나라들은 경제위기가 닥쳐 무역이 중단되어도 굶어 죽지는 않을 것이다. 지금도 스위스나 이스라엘 같은 작은 나라를 포함한 세계 강대국들은 식량자급률을 높이기 위해 온갖 노력을 기울이고 있다.

이런 원칙을 토대로 농업의 발전을 위해 국가적 차원의 고민과 지원이 이루어져야 한다. 내가 생각하기에, 농업은 1차 산업에서 2차, 3차 산업까지 겸하는 방향으로 발전해야 한다. 1차로 생산한 농산물을 가지고 스스로 떡을 만들고 두부를 만들고 과자를 만드는 2차 산업을 겸하고, 이렇게 만든 것을 스스로 판매하는 3차 산업을 겸하는 것이다. 이렇게 하려면 농사를 혼자 지어서는 어렵다. 온 마을이 함께 살아나야 한다. 그러려면 무엇보다 농사가 고귀하고 중요한 직업으로 인식되어 많은 젊은이들이 농사를 지어야 한다. 나는 환경대학원을 졸업하고 농사지으러 가겠다는 제자들을 보면 흐뭇하고 고맙기만 하다. 그들은 농촌에 내려가 농사를 짓고, 공동체를 위해 자신의 능력을 발휘하며 도시에서의 직장생활 이상으로 창조적이고 자유롭게 일하고 자기다운 삶을 가꾸어 가고 있다.

지속적인 국토관리가 이루어지기 위해서는 정부의 제도적 뒷받침이 있어야 한다. 우선 세금제도를 고쳐야 한다. 지금은 소득세다 법인세다 해서 열심히 일을 하면 세금을 많이 매기는 반면에, 땅을 소유한다든지 지구의 한정된 자원을 쓴다든지 자연을 파괴한다든지 하는 데 대해서는 세금을 적게 매기거나 아예 세금이 없다. 지금 세금제도는 열심히 일하는 것을 억제하고 일 안 하는 것을 장려하며, 부동산 투기를 하고 자원을 낭비하고 환경오염을 많이 시키도록 부추기고 있다. 그래서 일 안 하고 땅 투기를 하거나 금융 투기를 하거나 자원을 많이 팔거나 오염을 많이 시켜야 돈을 벌 수 있게 되어 있다.

아프리카의 속담대로 이 땅을 후손으로부터 빌려 쓰는 것이라면 빌려 쓰는 데 대한 사용료를 내야 한다. 즉, 땅과 자원과 자연에 대한 세금을 내야 한다. 자신의 힘으로 성실히 일하는 것에 대해서는 세금을 매길 것이 아니라 장려를 해야 한다. 지금 우리나라가 인건비가 비싸서 국제 경쟁력이 떨어진다고 걱정하는 사람들이 많은데, 인건비를 줄이는 방법은 간단하다. 노동자들이 받는 월급에 세금을 매기지 않으면 된다. 그러면 인건비는 금방 줄어든다. 인건비 증가율이 노동생산성 증가율을 앞지른다고 걱정하는 의견도 있는데 사실은 인건비가 증가한 것이라기보다는 부동산 비용이 증가했기 때문이다.

자연과 인간을 위한 과학기술로

이제 한국은 세계이다. 한국 사회의 모든 문제는 세계적 차원의 성격을 담고 있다. 우리가 4대강 토건공사의 밑바탕에 깔려 있는 가치관과 삶의 방식으로 계속 나아간다면 한반도뿐만 아니라 지구의 미래는 절망적이다. 우리의 이상과 목표를 수정해야 한다. 국가의 국토관리 정책은 토건개발 대형국책사업에서 지속가능한 우리 땅 가꾸기로 바뀌어야 하고, 이 땅을 가꾸는 주인은 국가와 기업이 아니라 국민이 되어야 한다. 경제 효율성을 최우선으로 하는 가치관은 자연의 법칙에 맞게 이 땅과 함께 행복하게 살아가는 가치관과 삶의 방식으로 전환해야 한다.

그러기 위해서는 과학기술에 대한 맹신과 우리를 움직이고 있는 '개발의 주술'에서 깨어나야 한다.

4대강 토건공사를 추진하는 사람들에게는 과학기술에 대한 맹신과 자연에 대한 오만함이 깔려 있다. 이들은 과학기술에 대한 잘못된 믿음을 갖고 있다. 환경문제를 비롯한 모든 문제를 과학이 해결해줄 거라 착각한다. 이명박 대통령은 '한국의 세계 1위 기술'을 신앙처럼 이야기하며, 최첨단 '로봇 물고기'가 우리 강을 지켜줄 거라고 한다. 나는 과학기술 관련분야를 전공으로 삼고 있지만, 과학기술이 다 해결할 수 있다고는 절대로 믿지 않는다. 사람의 힘만으로 하는 건 언젠가는 말을 안 들을 수 있고 재앙을 부른다.

19세기 말 산업혁명과 그 이후 과학의 발달을 맞이하면서 서구의 많은 지식인들도 인류의 앞날을 대단히 낙관적으로 보았다. 당시 널리 퍼졌던 진화론적 사고도 이에 한몫을 했다. 생물학적 혹은 지질학적 진화가 장구한 시일을 요하는 것이었다면, 과학과 지식의 발달은 단기간 내에 진화를 완성시켜줄 것이라는 믿음 때문이었다. 사람들은 급격한 과학과 지식의 발달이 인류의 모든 고민을 해결해주고, 이 땅을 낙원으로 만들어줄 것으로 기대했다. 식량문제, 가난, 질병을 포함한 인간의 모든 고통과 수고를 과학기술이 해결해주리라고 믿었다.

과연 20세기에 들어서 세상은 엄청나게 변화했다. 기대했던 대로 많은 희망적인 결과가 나타났다. 의학의 발달로 유아 사망률은 떨어지고 평균 수명은 연장되었다. 과거에는 될수록 많은 아이를 낳아 그중에 살아남는 아이를 키우는 것이 일반적이었지만, 지금은 오히려 골라서 아이를 낳는 세상이 되었다. 평균 수명은 스무 살, 서른 살에서 예순 살, 일흔 살이 넘도록 크게 늘었다.

인류의 미래를 위협하는 요인으로 식량위기를 걱정했던 맬서스의 예측은 빗나갔다. 오히려 식량증산이 인구증가를 앞지르게 된 지 오래고, 사람들은 너무 많이 먹어서 비만증을 걱정하게 되었다. 전 지구적 경제규모가 100년 만에 50배나 커지면서 인류는 엄청난 부를 누리게 되었다. 광범위한 교육사업으로 대부분의 사람들이 배움의 기회를 갖게 되었고, 인류의 지식수준이 크게 높아졌다. 발달된 언론 매체와 첨단 미디어 기기를 통해 지구 구석구석까지 실시간으로 수많은 정보가 전달되면서, 세상 물정에도 눈이 밝아졌다. 컴퓨터 한 대로 모든 업무를 처리하고 유전자를 조작하고 별나라에 위성을 날려보내는 등 과학 발달은 전화와 기차의 발명을 보고 놀라던 당시의 상상을 훨씬 앞질렀다.

하지만 21세기에 들어서 절망의 그림자가 희망의 빛을 압도하고 있다. 유아 사망률이 줄었다지만 많은 생명들은 태어나기도 전에 낙태로 죽어가는 불행을 겪는다. 평균 수명이 늘어난 것은 사실이지만 요즘은 살기보다 죽기가 더 어렵다는 세상이 되었다. 며칠 앓다가 자연스러운 죽음을 맞이했던 과거에 비해, 지금은 많은 사람들이 암이나 에이즈 같은 고통스러운 질병과 함께 중환자실에서 최후를 맞이한다. 그리고 장애아로 태어나 고통스럽게 살다가 고통스럽게 죽는 사람들이 많아졌다. 러시아에서는 열 명을 낳으면 그 중 한 명이 장애아로 태어난다고 알려져 있다.[46] 우리나라도 장애인 협회에서 낸 자료에 의하면 매년 70만 명이 태어나는데 그중 5만 명이 장애아라고 한다.

식량생산이 인구증가율을 앞질렀다지만 선진국에서는 식량이 남아돌아도 전 인류적으로 굶어 죽는 인구는 해가 갈수록 증가해왔다. 경제가 크게 발달했다지만 부유한 나라들은 점점 더 부유해지고 가난한 나라들은 오히려 더 가난해지는 전 지구적인 양극화가 심해지고 있다. 교육과 지식 수준이 높아졌다지만 인간의 잔학성은 더해간다. 두 번에 걸친 세계대전 중에 독일과 일본이 저지른 만행, 전 인류를 수십 번 죽이고도 남을 핵무기의 확산 등을 비롯한 세계 곳곳의 전쟁 위험은 조금도 줄지 않았다.

농사 기술은 크게 발달했지만 농민들은 빚더미에 허덕이고 있고,

건축 기술이 크게 발달했지만 집 때문에 지금처럼 고통받는 때는 역사상 없었다. 전쟁이나 천재지변 같은 재난이 닥칠 때는 과거와는 비교할 수 없는 대규모 재앙이 우리를 찾아온다. 홍수와 가뭄 등의 자연재해를 줄이기 위해 엄청난 토목공사를 벌였지만, 자연재해를 부추기는 공사가 더 많이 진행되어 피해인구는 급속히 늘어만 간다. 일본 고베의 대형 지진 당시, 좁은 도시에 그렇게 많은 인구가 몰려 살지 않았더라면, 사람들이 전기나 가스나 수도관에 모든 것을 맡기지 않았더라면, 그렇게 큰 비극은 일어나지 않았을 것이다. 만약 서울에 전쟁이나 지진이 닥친다면 어떤 비극이 일어날지 상상만 해도 끔찍한 지경이다.

현대인들은 과학기술이 생활을 여유롭게 만들었다고 생각한다. 자동차가 발명되어 교통 시간을 절약했다고 믿는다. 그러나 오늘날 도시의 자동차는 옛날 마차나 자전거보다 더 느리다. 대운하에서 다니는 배는 자전거보다 느리게 운행한다. 자동차를 타는 사람은 걸어 다니는 사람보다 훨씬 많은 시간을 교통에 소비하고, 차를 사고 유지하기 위하여 걸어 다니는 시간보다 더 많은 시간을 돈벌이 노동에 바쳐야 한다. 그동안 빠른 자동차의 이점을 최대한 살리도록 주변환경을 만든 것이 아니라 자동차를 최대한 많이 쓰도록 도시구조를 만들었기 때문이다.

마찬가지로 사람들은 냉장고가 발명되어 음식을 더욱 잘 보존하게 되었다고 생각한다. 하지만 냉장고를 가진 사람일수록, 그리고 큰 냉장고를 가진 사람일수록 썩혀 버리는 음식은 더 많다. 냉장고를 이용하여 음식을 아끼는 것이 아니라 오히려 음식과 에너지와 자원을 최대한 낭비하도록 해왔다. 우리의 생활양식이나 도시 구조는 문명의 이기를 최대한 '살리도록' 만들어진 것이 아니라 그 문명의 이기들을 최대한 많이 '사용하도록' 만들어진 것이다.

과학기술문명이 인간을 행복하게 만들었다고 생각할지 모른다. 하지만 과학기술이 발달한 나라의 사람들은 자신을 행복하다고 생각하고, 그렇지 못한 나라 사람들은 불행하다고 느낄까? 지금은 사람이 없어도 공장은 24시간 내내 돌아가고, 멀리서도 단추만 누르면 밥하고 빨래하고 도둑 지키고 집안일까지 기계가 해줄 수 있다. 점점 사람이 쓸모없어지는 것이다.

지금까지 과학기술은 지구의 자원을 착취하는 방법을 연구하고, 사람이 일을 안 하고 편하게 사는 방법을 연구하는 데 온갖 노력을 기울여왔다. 그래서 크고 빠르고 편리하고 값비싼 상품들은 헤아릴 수 없을 만큼 많이 개발했지만, 인류가 자원을 절약하고 환경적으로 올바로 사는 방법을 제시하는 데에서는 완전한 멍텅구리였다. 이 방면에서 과학은 유치한 수준에 머물러 있다.

이것은 사람들이 그 방법을 모를 만큼 어리석어서가 아니고, 그럴 뜻이 없었기 때문이다. 오늘날의 환경문제는 과학기술 자체의 문제에서만이 아니라 그것을 활용하는 사람들의 가치관과 생활양식과 도시구조가 잘못되었기 때문에 발생했다. 앞으로는 이 땅에서 환경적으로 올바르게 사는 방법을 찾는 데 궁극적인 목표를 두어야 한다. 오늘날의 환경문제가 오로지 과학기술 때문에 일어난 것만은 아니다. 앞으로 과학기술은 사람들이 자연과 함께 올바르게 사는 방법을 찾는 데 궁극적인 목표를 두어야 한다.

이에 따라 정부는 예산배정의 우선순위를 바로 잡아야 한다. 무기 개발에 쏟는 돈과 노력과 정성을 환경문제 해결에 쏟아야 한다. 지금 세계 각국은 전쟁 준비하고 무기 개발하는 데 가장 많은 돈을 쏟고 있다. 사람을 죽이는 무기를 만드는 사람들은 쾌적한 환경에서 일하고 넉넉한 보수를 받고 존경받으면서 품위 있는 생활을 누리는 반면, 쓰레기 처리 업무에 종사하는 사람들은 더럽고 냄새나고 건강에 위험한 환경에서 적은 월급으로 밑바닥 생활을 하고 있다. 핵무기를 만드는 데에는 가장 우수한 두뇌들이 모여 온갖 첨단과학을 다 동원하지만 쓰레기 매립지는 어수룩하기 짝이 없고 하수관들은 서로 구멍이 맞지 않아 엉뚱한 곳으로 새고 있다.

무기 공장에서 도대체 인류에게 얼마나 유익한 제품을 만들기에 돈을 그렇게 쏟아 부어야 하고 많은 두뇌들이 달려들어 기술을 발전시켜야 하는가? 그리고 쓰레기 재활용 공장이나 하수 처리장은 그렇게까지 엉망이 되도록 내버려둘 만큼 아무 쓸데없는 일을 하는 곳인가? 아직도 우리 사회는 자연과 함께 살아가는 일에는 무기를 만드는 것만큼 돈과 정성을 쏟을 가치가 없다고 생각하는 것이다.

지금 세계를 둘러보면 총알이나 포탄을 맞아서 죽는 사람 이상으로 환경파괴로 죽는 사람들이 많다. UN이 조직한 '세계 환경과 개발 위원회'의 통계에 의하면 매년 6,000만 명의 인구가 오염된 물을 마시거나 영양실조로 병들어 죽는 것으로 되어 있다. 우리가 만약 국방비의 1/100만 물에 썼더라도 물이 이렇게 오염되지 않았을 것이다.

돈의 주술에서 깨어나라

4대강 토건공사가 생겨난 문제의 뿌리는 땅을 돈벌이로 보기 때문이다. 이명박 대통령의 실용주의가 대표적이다. 실용주의는 이념이나 주의의 반대인 듯 말하지만 실상 실용주의 자체가 하나의 강력한 이념이다. 그냥 놔둬도 시장으로 기우는 게 사람인데, 균형을 잡아야 할 대통령이 공식적으로 그것을 선포하고 있는 나라가 한국이다. 그래서 이명박 대통령의 '실용주의'와 '비즈니스 프렌들리'는 물신주의의 극단이고, 그것은 온 국민이 어느 정도는 함께 만들어낸 것인지 모른다.

강을 죽이고 개발 이익을 얻으려는 4대강 토건공사, 놓아먹일 땅도 없이 좁은 울타리 안에서 가축을 가두어 놓고 수입 사료와 성장 호르몬과 항생제로 기르는 축산, 새만금 간척사업처럼 연안 생태계를 망치는 간척사업. 이 모든 일들이 옳고 그른 것보다는 경제적인 효율성을 판단의 기준으로 삼았기 때문에 일어난 일들이다.

경제적인 효율성을 따지는 가치관의 가장 근본적인 문제는, '이자' 개념을 도입해 모든 금전적 가치를 현재 시점에서의 가치로 환산하는 데 있다. 이자 혹은 할인율은 현재를 중요시하고 미래를 무시한다. 지금과 같은 이자율로 경제성을 계산하면, 한국이 수백 년 후에 통째로 망한다 해도 현가로 계산하면 전혀 손해가 아니다. 수천 년 후에 지구가 통째로 망한다 해도 계산으로는 전혀 손해가 아니다. 그러므로 이런 가치판단은 미래의 환경파괴를 대가로 현재 돈벌이가 되는 사업을 항상 조장하게 되어 있다. 모든 것을 돈으로 따지려 하기 때문에 돈으로 계산되지 않는 생태적 가치와 자연의 아름다움을 아무런 양심의 가책 없이 파괴한다. 이것은 자기 파괴적인 가치관이며 미래를 팔아먹는 가치관이다.

경제학만으로는 자연과 사회를 지킬 수 없다. 경제적인 판단은 사물을 크게 왜곡한다. 경제성을 평가하는 것은 주로 돈을 가진 사람들과 사업주들이기 때문에, 그들에게 이로운 방향으로 경제성을 왜곡하기 십상이다. 산을 갈아엎고 갯벌을 간척하면 개발업자는 당장 큰돈을 벌고 경제성장률은 올라간다. 그러나 나라는 결국에는 망하게 되어 있다. 경제 잣대만으로 할 일과 하지 않을 일을 판단해나가면 지구도 망하게 되어 있다. 그러나 그 피해를 고스란히 받을 미래 세대는 이런 평가과정에 참여할 수도 없고 정책결정과정에 투표를 할 수도 없다. 경제 논리 이전에 먼저 삶의 논리와 생명의 논리로 해야 할 일과 하지 말아야 할 일을 명확히 세워야 한다.

'경제economy'란 '집 혹은 서식지eco'를 뜻하는 그리스어에 '학문nomy'이 결합된 말이다. 삶의 터전이 되는 집과 거주지를 관리하는 학문이 경제학이다. 경제를 들먹이며 환경을 개조해 생태계에 영향을 끼치는 사업을 시행하는 정책결정권자가 가장 먼저 고려해야 할 사항은 집과 서식지에 거주하는 생명체의 안위다. 경제학에 충실한 정책 실현은 생명을 북돋우고 그 터전을 보존하는 것이 전제가 되어야 한다. 어원적으로 '생태학ecology' 역시 '집 혹은 서식지eco'를 '관리하는 담론logy'으로, 경제와 동의어이다.[47]

세상이 경제적 논리에 따라 움직인다고 우리까지 그렇게 해서는 안 된다. 세상의 경제적 논리를 뛰어넘는 가치관을 참신한 실천으로 보여야 한다. 우리가 돈이 없어서 행복하지 않은 것이 아니다. 지금 한국에 가난한 사람은 없다. 부자가 되지 못한 사람만 있을 뿐이다. 행복이라는 것은 돈으로 얻을 수 있는 것만이 아니다.

영국 레스터 대학은 여러 가지 지표를 사용하여 전 세계 사람들의 '행복감'을 나라별로 조사했다. 일본은 평균 식구 수가 네 명, 1인당 소유한 땅은 39평, 1인당 소득은 3만 2,350달러이지만 행복지수는 세계 90위다. 대한민국의 행복지수는 세계 102위로 일본보다 더 불행한 나라이다.

반면 부탄은 평균 식구 수가 열세 명, 1인당 소유한 땅은 20평, 1인당 소득은 186달러에 지나지 않는데, 행복지수는 세계 8위로 나왔다.[48] 부탄은 1972년 당시 국왕이 "국민의 행복은 결코 경제발전으로 측정할 수 없다"는 관점에서 국민총생산GNP의 추구보다는 국민총행복량GNH Gross National Happiness의 향상을 지향한다는 국가이념을 내걸었고, 그 방침을 국민이 지지했다. 부탄 사람들은 외국에 나가서 아무리 큰돈을 벌어도 조국으로 돌아가겠다고 한다.

그럼 부탄 사람들이 생각하는 '행복'이란 무엇인가. 전통적인 생활을 지키면서 그와 동시에 자연과 조화를 이루면서 살아가는 것이다. 즉 '시장'에서만 살아가는 것이 아니고 오래된 마을의 삶터에서 이웃과 자연과 함께 살아가는 길을 선택한 것이다.

세계에서 가장 행복한 나라 중 하나가 덴마크라고 한다. 덴마크는 시민단체 회원 수가 전체 인구의 2배이다. 각 가정이 일곱 개에서 열 개까지 시민단체에 가입해 있다. 이것을 보면 모든 사람들이 자기 마을과 나라를 생각하고 걱정하며 함께 하는 나라가 행복한 나라인 것 같다. 반면 집집마다 문을 닫아 걸어놓고, 동네 문제에 관여하기 싫어하고, 동네 사람들이 자기를 들여다보는 것도 싫고, 자신만을 위해서 열심히 살고, 돈만 많으면 힘이 생기고, 지위만 높아지면 온갖 부정부패도 용인되는 그런 나라는 불행한 나라인 것 같다.

통계자료만 봐도 소득이 1만 달러를 넘어서면 소득과 행복은 아무 관계가 없다. 큰 집, 큰 땅, 큰 자동차, 큰 냉장고를 갖고 있어도 조금만 지나면 크게 행복한지 모르고, 작은 집, 작은 땅, 작은 자동차, 작은 냉장고로 바뀌어도 조금 지나면 몸이 적응해서 불행한 줄 모른다. 이것이 돈으로 얻을 수 있는 행복이라는 것의 한계이다. 하지만 사람들이 서로 도우며 살고, 친구를 많이 만들고, 이웃들과 모여 함께 나누는 행복에는 한계가 없다. 그리고 그런 행복을 얻기 위해 필요한 자원은 돈과 같은 유한자원이 아니라 생각을 바꾸면 되는 무한자원이다.

5. 마을 속에서 함께 살기 위하여

모두의 미래를 위한 세 가지 원칙

 인류가 지금처럼 살아간다면 머지않아 지구 살림은 파탄이 날 것이다. 미래에 인류에게 닥칠 큰 위기들은 크게 세 군데서 다가오고 있다.

 첫째는 식량위기이다. 세계적으로 굶주리는 인구가 해마다 증가하고 있다. 식량증산을 위하여 생태학적으로 적합하지 않은 지역에 이르기까지 농경지가 무리하게 확장되고 화학비료와 농약을 사용하면서 대부분의 농경지가 대단히 척박해지고 있다. 특히 인P은 현재 1년에 1,500만t 정도가 육지로부터 유실되고 있는데 유실된 영양은 회수가 불가능하다. 또한 연안의 생산성도 급격히 떨어졌는데 이는 농약, 해양오염, 남획 등이 원인이다. 특히 농약은 식물 플랑크톤의 광합성 능력을 떨어뜨린다. 과다하게 사용되는 농약이 토양의 흡착능력을 넘어 지하수위까지 침투하게 되면 수질 오염은 심각한 양상을 띠게 된다.

 식량이 남는 선진국들은 개발도상국들에게 식량 이외의 작물을 요구하면서 식량문제를 해결하기 어렵게 만들고 있다. 아프리카의 니제르, 말리, 차드, 세네갈, 부르키나파소 등은 1960년대에 연간 약 20만t의 식량을 수입하면서도 외화획득을 위하여 면화를 연간 2,000여 만t씩 생산했다. 80년대에는 연간 200만t 가까운 식량을 수입하면서도 면화는 1억 5,000만t을 생산했다. 그러나 선진국들이 국가의 재정보조로 값싼 면화를 생산하기 때문에 면화 값은 해마다 하락했고, 무리한 경작으로 인하여 아프리카의 농경지는 척박해지고 소득은 떨어져서 굶주리는 인구는 실제적으로 증가하게 되었다.

두 번째로 에너지와 자원 문제도 풀기 어려운 숙제이다.

지구의 경제규모는 지난 100년간 50배가 증가했다.[49] 특히 2차 세계대전 이후에 급격한 성장을 이루어 지난 50년 동안 지구 경제가 15배,[50] 인구가 3배,[51] 화석연료 사용이 25배,[52] 공업생산이 40배 증가했다. 현재 67억 명인 인구수는 21세기 말에 이르면 100억 내지 140억 명이 될 것이다. 앞으로도 지구의 경제규모는 10배, 20배, 50배까지 성장할지도 모른다. 그러나 경제규모가 10배 커진다는 것은 생산을 10배 많이 한다는 의미이다. 생산을 10배 더 하기 위해서는 에너지와 자원이 10배 더 필요하다. 이는 폐기물이 10배 더 생기며 환경파괴행위도 10배 더 커진다는 것과 같다.

그런데 문제는 10배, 혹은 50배나 더 커진 경제를 뒷받침할 만한 에너지와 자원이 그 때에는 이 지구상에 남아 있지 않을 것이라는 데 있다. 우리가 사용하는 자원은 대부분 광물자원, 삼림, 흙, 바다에서 얻고 있다. 이러한 자원은 한정되어 있고 재생 불가능해서 언젠가는 고갈되고 말 것들이다. 지금처럼 쓴다면 현재 인류가 확보하고 있는 석유와 우라늄은 앞으로 20년 후에 고갈될 것이다. 더 찾으면 나올 거라고 기대하는 희망 매장량까지 보탠다 해도 40년 정도가 한계이다. 석탄도 2100년대에 이르면 고갈될 것으로 전망된다.

로마클럽이 1972년에 발표한 「성장의 한계」에 의하면 알루미늄, 구리, 납, 아연, 텅스텐, 니켈 같은 광물 자원들의 매장량도 석유, 우라늄, 석탄과 비슷하다. 무한한 자원이라는 것은 있을 수 없다. 그동안은 한 가지 자원이 부족해지면 곧 대체자원을 찾아내곤 했지만, 대체자원이라는 것도 언젠가는 끝이 있게 마련이다. 무한한 줄 알았던 물이나 흙조차도 유한하다는 것을 지금 우리는 절실히 깨닫고 있지 않은가.

과거에 선진 공업국들은 자국에서 나는 자원으로 산업을 유지했지만, 지금은 거의 모든 선진국이 후진국으로부터 수입한 자원에 의존하고 있다. 현재 후진국으로 불리는 자원 수출국들이 자국의 산업 성장으로 더 이상 자원을 수출할 수 없게 될 때, 그 때 지구 경제는 파탄 나고 말 것이다.

세 번째로 앞으로 닥치게 될 미래의 환경변화도 주시해야 한다. 지구가 받을 수 있는 환경용량은 정해져 있다. 그 환경용량을 위협하는 징후들이 바로 지구의 기후변화, 오존층 파괴, 사막화, 생물의 멸종, 환경호르몬을 비롯한 오염물질의 확산이다. 지구는 더워지고 사막이 늘어나고 오염이 축적되고 생물들이 죽어가고 생태계가 위협받을 때에, 인간이 지금처럼 생존할 수 있을 것인가?

지구 위에 살아가는 생물은 지구에서 만들어지는 것 이상을 쓸 수 없으며 그래서도 안 된다. 지구에서 만들어지는 것은 실상 태양 에너지를 이용해 식물이 광합성한 결과물밖에는 없다. 즉 지구의 생물은 지구에서 만들어지는 총광합성에너지보다 더 많은 에너지를 써서는 안 되는 것이다. 그러나 지구 전체 생물의 생체량으로 따질 때 만분의 일밖에 되지 않는 인류가 총광합성에너지의 1/4을 쓰고 있다. 간접적으로 쓰는 에너지까지 포함하면 한 줌의 인류가 총광합성에너지의 60%를 독차지해서 쓰고 있는 것이다. 지구 생태계가 쓸 수 있는 에너지 대부분을 인간이 사용해버린 만큼 다른 생물은 생존할 수 없다. 지구에 들어오는 에너지보다 더 많은 에너지를 소모하면 인류가 자멸하는 것도 시간문제이다.

많은 사람들이 가지고 있는 허황된 믿음 중의 하나가 경제는 계속 성장해야 하고 우리의 삶도 계속 더 풍요로워져야 한다는 것이다. 그러나 지구가 크지 않고 그대로 있는데 지구 경제가 어떻게 무한정 클 수 있겠는가? 지구의 원천 재산이 줄어들고 있는데 어떻게 지구 경제가 성장할 수 있겠는가? 지구 생태계에서 멈출 모르고 계속 성장하는 것은 암癌밖에 없다. 암의 종말은 죽음뿐이다.

지금의 자본주의 시장경제구조는 성장하지 않으면 파탄 날 수밖에 없는 구조이기 때문에, 당분간은 계속 성장하는 방향을 수정하지 않을 것이다. 하지만 인류는 어느 정도의 경제성장에서 만족하고 더 이상의 성장이 없는 정상상태를 유지해야 한다. 안정한 생태계는 정상상태를 유지하지 성장하지 않는다. 경제가 성장하지 않더라도 우리 삶의 모습은 얼마든지 달라질 수 있다. 그 달라지는 모습이 자연과 조화를 이루는 방향으로 나아가야 한다.

UN 산하의 환경개발위원회World Commission on Environment and Development에서 발간한 『우리 공동의 미래Our Common Future』에서는 '지속가능한 발전sustainable development'을 '현 세대의 필요를 충족시키되, 미래세대가 그들의 필요를 충족시킬 수 있는 능력을 축내지 않는 발전meets the needs of the present without compromising the ability of future generations to meet their own needs"이라고 정의내리고 있다.

'지속가능하다'는 말은 원래 '지구 생태계를 지탱한다'는 취지에서 나온 것이지만, 이 보고서에서는 사실상 지구 생태계를 지탱한다는 말은 제외되었다. 이는 '인간 중심'의 정의이고, 많은 부분에서 자본주의 시장경제체제를 그대로 받아들여 경제성장을 용인하는 방향을 제시한다. 그러면서 인구와 인력자원, 식량, 종 다양성과 생태계, 에너지, 산업발전, 도시문제 등을 인류 발전을 위한 '자원'으로 간주하고 정책방향을 제시한다.

개발development이라는 개념을 많은 사람들이 성장이라는 뜻으로 해석하고 있으나 꼭 성장을 뜻하는 것은 아니다. '지속가능한 개발'이라는 용어를 우리나라 경제부처에서는 한때 '지속성장'이라고 번역한 적도 있었다. '개발'을 우리나라에서는 종종 '성장'의 개념으로 받아들이고 있고 그래서 지속적으로 경제를 성장시킨다는 뜻으로 만들어 버린 것이다. 이는 지구 생태계를 지탱시킨다는 원래의 뜻과는 완전히 달라진 의미이다. 인간의 삶은 성장만을 추구할 수 없다. 일정한 성장의 시기가 지나면 성숙의 단계로 가야 한다. 청소년기를 지나 성인이 되어서도 계속 키가 큰다면 기뻐할 일이 아니라 병원에 갈 일이다. 지금은 성장이 아니라 성숙을 추구할 때이다.

인류가 위기에서 헤어나기 위해서는 앞으로의 경제개발정책도 새로운 길을 모색하지 않으면 안 된다. 생태학적으로 지탱가능한 개발정책을 펴나가야 한다. 우리가 후손들에게 마땅히 물려줘야 할 자원을 갚을 능력도 없으면서 가불해 써서도 안 되고 환경에 돌이킬 수 없는 피해를 주어서도 안 된다. 이런 관점에서 앞으로 나아가야 할 극복방안을 찾아야 한다.

　문제의 해답은 이미 문제 안에 들어 있으며, 절망은 희망의 씨앗을 품고 있다. 우리에게 남아 있는 유일한 희망은, 인류의 앞날을 위협하는 문제가 분명하게 드러나 있기 때문에 문제를 해결하기 위한 방법의 원칙도 명확하다는 것이 아닐까 싶다. 그 원칙은 다음 세 가지로 요약할 수 있다.

　첫째, 현재 있는 에너지를 아껴 써야 함은 물론이지만, 근본적으로 재생 가능한 에너지를 개발해야 한다. 재생 가능한 에너지는 태양, 풍력, 조력, 생체, 지열 등의 에너지를 말한다. 이러한 에너지는 단위면적당 생산밀도가 극히 한정되어 있기 때문에 지금처럼 대량생산, 대량수송, 대량소비를 할 수 없다. 에너지 수요처와 멀리 떨어진 곳에 대형 발전소를 지어 에너지 소비를 조장하면서 효율성이 낮은 중앙집중식 에너지 체계는 이제 탈피해야 한다. 수요가 있는 곳에 소규모 에너지 생산시설을 설치하여 효율을 올리고 수요를 관리하는 분산형 에너지 체계로 시급히 전환해야 한다. 새로운 에너지 체계에 맞도록 국토와 도시 구조를 개선해나가야 한다.

　둘째, 자원 재활용을 높여야 한다. 에너지뿐 아니라 다른 자원도 한계가 분명하다. 현재 북미, 동서 유럽, 러시아, 일본, 호주 등의 산업화된 국가들을 선진국으로 분류한다면 이들 지역의 인구는 지구 전체 인구의 1/4에 해당한다. 하지만 이들은 후진국 사람들보다 철을 12배, 기타 금속을 13배, 종이를 15배 더 많이 쓴다. 즉 1/4의 인구가 철의 80%, 종이의 85%, 기타 금속의 86%를 사용하고 있는 것이다. 중국과 인도 사람들이 미국 사람들만큼 자원을 쓴다면, 지구상에 남아나는 건 하나도 없을 것이다.

이 부족한 자원에 대한 해결책이 바로 재활용이다. 제품을 만들려면 원료 생산에서부터 버려질 때까지 만들어지는 제품의 약 30배에 해당하는 폐기물이 나온다. 그리고 그 안에는 많은 에너지가 들어 있다. 한 번 사용한 자원을 모아 재활용하는 것은 처녀자원을 사용해 제품을 만드는 것과 다름없이 인류의 필요를 채울 수 있고 지구 경제를 돌아가게 할 수도 있다.

가정에서 생산된 폐기물을 버리는 방법도 환경적으로 올바른 방법을 택해야 한다. 폐기물을 태워서 공기로 날려 보내는 것보다는 물에 버리는 것이 낫고, 물에 버리는 것보다는 쓰레기로 버리는 것이 낫고, 쓰레기로 버리는 것보다는 버리지 않는 것이 낫다. 각 가정에서 음식 찌꺼기를 퇴비로 쓰는 방법을 강구하면 쓰레기를 줄이고, 정원이나 화분에 유용한 비료로 재활용할 수 있다.

셋째, 지구가 받아들일 수 있는 환경용량 이상의 환경훼손 행위를 정당화해서는 안 된다. 지구가 감당할 수 있는 환경용량은 에너지나 자원처럼 한정되어 있다. 지구 경제가 커지면서 무한정 환경오염 행위와 자연파괴가 늘어나는 것을 지구는 더는 감당할 수 없다. 제품을 구매할 때에도 환경오염을 막기 위해 노력해야 한다. 제품 자체가 환경적으로 오염을 일으키는 것인가, 제품을 제조하는 과정에서 환경오염을 많이 일으킨 것인가, 에너지를 절약하는 제품인가, 재활용 대책이 있는 제품인가, 폐기물이 되었을 때 처리 대책이 있는 제품인가 등을 고려해야 한다.

기름 한 방울도 나지 않는 나라에서 냉장고, TV, 세탁기 등 가전제품을 갈수록 크게 만들고, 거의 모든 제품이 전기를 써야 작동하는 것으로 만들고 있다. 가전제품을 사용하면서 몸을 안 움직이고, 그래놓고 운동이 부족하다고 헬스클럽에 가서는 전기로 돌아가는 러닝머신 위에서 달린다.

주거형태도 아파트 위주의 공급으로 획일화되었는데, 아파트에 사는 사람은 대부분 겨울에는 덥게 살고 여름에 춥게 산다. 이것 역시 에너지를 많이 소모하고 환경오염을 일으킬 뿐만 아니라 건강에도 좋지 않다. 몸이 기후변화에 적응하고 스스로 체온을 조절하는 기능을 잃게 됨에 따라, 더위와 추위를 견디지 못하게 되고 병에 대한 면역도 약해졌다. 아파트 주민들이 늘 감기를 달고 다니면서, 조금만 더우면 더위 먹고 조금만 추우면 추워서 꼼짝 못하는 이유가 여기에 있다.

음식은 가장 흔한 음식이 가장 깨끗한 것이다. 괜히 건강을 위한다고 비싸고 고급인 음식을 먹는데, 먹이사슬이 한 단계 올라갈수록 환경오염물은 더 축적된다. 특히 수입농산물은 방부제 때문에 몸에도 안 좋고 많은 환경오염을 유발시킨다. 한국사람들은 뭐니뭐니해도 우리 땅에서 나온 음식, 제철에 가장 흔한 음식을 먹어야 한다. 미국과 유럽의 값싼 농산물은 그들 정부의 엄청난 재정지원 때문에 가능한 것인데 이 정책은 미국의 국토뿐만 아니라 많은 나라의 농경지와 숲을 황폐화시키는 원인이다.

예를 들면 면적이 남한만 한 인디아나 주의 농민들에게 지원되는 정부 보조금은 모든 아프리카인을 먹여 살릴 수 있는 돈이다. 그러나 여기서 생산되는 곡식은 가축의 사료로 쓰거나 버려진다. 아프리카에서는 이 사료로 키운 가축과 가격 경쟁을 하기 위해 무리하게 목축을 하게 되고, 그 결과 사막이 늘어난다. 그렇다고 미국의 농민들이 돈을 버는 것도 아니다. 미국의 농민들은 정부의 보조 없이는 살 수 없는 형편이 되었다. 단지 거대 농약회사, 농기구회사, 식품업체들만 돈을 버는 것이다. 수입농산물을 먹지 않는 것은 지구를 살리는 일에 함께하는 것이다.

쇠고기보다는 돼지고기, 돼지고기보다는 닭고기, 닭고기보다는 쌀과 콩이 단위면적당 단백질 생산이 크다. 생태학적으로 무리하게 목축을 하다가 땅을 버린 예가 허다하다. 미국 서남부의 애리조나 주나 뉴멕시코 주는 100여 년 전까지만 해도 초지였지만 무리하게 목축을 하다가 사막이 되어버렸고, 아프리카 대륙의 많은 곳도 산업목축을 하다가 사막이 되어버렸다. 어느 모로 따져보더라도 한국 사람들은 쌀밥을 많이 먹고 우리 땅에서 나는 농산물을 귀중하게 여기는 것이 건강에 좋을 뿐만 아니라 환경적으로도 올바르다.

옷을 입는 것도 마찬가지다. 옷감을 제조하는 과정이나 세탁하는 과정에서 환경적으로 무리하게 할 필요가 없다. 밀렵자들과 밀수꾼을 통해 유통되는 희귀생물로부터 나온 옷감과 장신구, 원진 레이온 공장과 같이 수많은 종업원들을 공해로 희생시키고 만든 합성섬유 옷감을 꼭 사용해야만 아름답고 편한 옷을 만들 수 있는 것은 아닐 것이다. 세탁을 할 때도 부자연스럽게 표백을 해야만 하는 옷을 고집할 필요가 없다. 꼭 때가 지지 않아도 여전히 멋이 있는 옷을 입도록 해야 한다.

요즘 사람들은 안 씻어서 병이 나는 것이 아니라 너무 많이 씻어서 병이 난다. 여름에는 조금 덥게 살고 겨울에는 조금 춥게 사는 것, 건강할 정도로만 깨끗하고 행복할 정도로만 질박하게 사는 것이 자연스러우며 몸에도 좋은 것이다.

하지만 시민들이 아무리 열심히 노력해도 곧 한계에 부닥치고 말 것이다. 모든 시민이 자신의 불편을 무릅쓰고 성인군자가 되어 동참하도록 기대할 수는 없다. 시민들의 소비 행태와 생활 방식의 변화도 중요하지만 근본적으로는 '생산'이 바로 되어야 한다.

　소비를 바로 하게 하는 것보다는 생산을 바로 하게 하는 것이 훨씬 더 효율적인 것이다. 시민들에게 일회용품을 절제하라, 재활용이 안 되는 상품을 사지 말라, 썩지 않는 나일론 옷을 사지 말라고 하는 것보다 먼저 생산자들이 그런 제품을 만들지 못하도록 해야 한다. 정부는 산업구조와 산업공정, 제품생산이 에너지와 자원의 소모를 최소화할 수 있도록 개선해나가야 한다. 이는 국제 경쟁력을 높이기 위해서라도 꼭 필요한 대책이다. 산업체의 오염배출행위에 대해 너그러운 정책은 어느 누구에게도 도움이 되지 않는다. 우리 조상들이 환경범죄를 중죄로 다스렸던 것을 참조해야 한다. 환경오염방지에 투자를 적게 해서 원가를 절감하는 방법은 앞으로는 성공할 수 없다.

마을 속에서 함께 살기 위하여

　우리가 사는 지역사회가 환경적으로 올바르고 건전한 사회가 되지 않으면 그 속에 사는 우리의 생활 또한 그렇게 될 수가 없다. 조상들의 전통적인 마을 하나하나가 태양만 있으면 돌아가던 생태적 단위로 존재했던 것처럼, 우리가 살고 있는 지역 공동체를 생태적으로 가꾸어나가야 한다. 환경오염을 최소화하는 방법으로, 재생 에너지를 기반으로 에너지를 효율적으로 사용하고 물질 순환 체계를 구축해, 지역사회가 하나의 건전한 생태학적인 단위가 되어야 한다.

　지역사회에서 생기는 환경문제는 그 지역 안에서 해결하는 방법을 강구해야 한다. 지역사회에서 필요로 하는 것은 최대한 지역사회 안에서 공급하고, 지역사회에서 나오는 폐기물도 최대한 그 안에서 처리해야 한다. 왜냐하면 어떤 지역사회도 다른 지역의 환경부담을 기꺼이 받아들이려고 하지 않기 때문이다. 지역사회가 혐오시설을 기피하는 것을 단순히 지역 이기주의라고 매도해서는 안 된다. 이는 바른 환경정책이 마련되지 못했기 때문에 일어나는 마찰로 이해해야 한다. 그 지역의 환경정책에 대한 경종으로 받아들여야 한다.

따라서 지역사회는 백화점이나 음식점, 공원이나 녹지, 폐기물 처리시설 등 그 지역사회가 필요로 하는 것을 지역주민들의 욕구를 충족시킬 만큼만 가지고 있어야 한다. 필수품은 최대한 지역의 산물을 이용해 내부에서 생산하고, 사치품은 최소한만 외부에서 수입하는 지역사회가 지속가능한 사회이다. 이제는 지구가 하나의 세계가 되어 외국에서 생긴 위기가 한국의 마을까지 곧바로 영향을 미친다. 이렇게 자급자립적인 경제구조를 갖추고 있어야 외부의 영향력에 쉽게 흔들리지 않고 살아갈 수 있다.

올바른 지역사회를 만들기 위해서 먼저 시작할 일은 '흩어지는 운동'이다. 지역사회의 규모를 줄여야 한다. 지금처럼 천만 명이 넘는 규모의 도시에서는 근본적으로 지속가능한 지역사회를 만들 수 없다. 지속가능한 사회를 만들기에 적합한 인구 규모에 대해 과학적인 답이 나와 있지는 않으나, 많은 나라의 사례에 비춰볼 때 인구 20만 명 정도가 쾌적한 삶을 영위하는 데 가장 적합한 것으로 알려져 있다. 환경친화적 도시로 자주 거론되는 도시들도 대개 그 정도의 인구 규모를 유지하고 있다.

적정한 인구 규모를 유지하는 것이 중요한 이유는, 어느 정도 작은 규모의 도시일 때에만 주위 농촌과 어우러져 생산과 소비의 균형을 맞출 수 있고, 자원 순환형 지역사회를 만들 수 있기 때문이다.

도시 자체는 근본적으로 지속가능한 사회가 아니다. 도시는 인접지역으로부터 식량과 에너지와 자원을 공급받고 폐기물을 내보낼 수 있어야 유지된다. 따라서 도시는 식량과 자원을 공급하고 폐기물을 처리할 수 있는 넓은 생산지를 끼고 있어야 생태적으로 안정될 수 있다. 실제로 도시에서 나오는 하수나 음식 쓰레기 등의 폐기물들은 그냥 버려지는 게 많은데, 농지에서는 이런 자원이 없어서 농토가 척박해지고 있다. 반면에 농촌에서 발생하는 쓰레기들을 재활용할 수 있는 산업시설들은 도시에 있다.

농촌에서는 농산물을 필요한 만큼 정성껏 생산하고, 도시에서는 농촌이 생산한 농산물을 올바로 소비할 수 있어야 한다. 이런 의미에서 올바른 지역사회는 도시와 농촌이 분리된 지역사회가 아니라, 도시와 농촌이 공동체로 묶여 협동하는 자원 순환 사회이다.

현재 많은 도시가 광역화를 진행하면서 인근 농촌을 행정구역에 포함시키려는 노력을 하고 있다. 바람직한 현상이다. 반면에 미국의 캘리포니아를 모델로 삼아, 각 지역을 멀찍이 떼어놓고 거미줄처럼 도로로 얽어 자동차로 다니게 하고, 에너지와 자원을 무한정 투입하고, 쓰레기는 다른 지역에 갖다 버리는 도시는 최소한 한국에서는 있어서는 안 되는 모델이다.

지역마다 그 특성에 알맞은 지역성을 살려야 한다. 지금 한국은 다양한 지역 특성을 죽이면서 유럽이나 미국과 같은 모습으로 획일적으로 지역을 개조하고 있다. 사람들도 그들과 똑같은 모습으로 살아가려고 애쓰고 있는 듯하다. 영국에는 본래 풀밭이 많기 때문에 골프를 즐길 수 있는 환경이 되고, 그것이 자연스러운 것이다. 반면 한국의 지역 특성은 골프를 즐기기에 맞지 않는데도 산을 깎아 수입 잔디를 깔고 농약과 비료를 쳐가며 만든 골프장에서 골프를 즐기고 있다. 마찬가지로 스위스에는 알프스 산과 풍부한 눈이 있기 때문에 스키를 즐길 수 있는 것인데, 한국에서는 산을 깎고 기계로 인조 눈을 만들어 스키를 즐긴다. 그렇게 하기 위해 에너지와 자원을 대량 수입하고, 대량 소비를 촉진시키고 있다. 이런 지역사회는 지속가능하지 못하다.

환경문제가 지구와 인류의 앞날을 위협한다지만 "지구적으로 생각하고 지역적으로 행동하라 Think globally, act locally"라는 말처럼, 우리 모두가 각자의 생활을 돌보고 각자가 속해 있는 지역사회를 지키는 것에서부터 시작해야 한다.

지역의 환경을 가장 잘 지킬 수 있는 사람은 바로 그 땅에서 뿌리를 내리고 매일매일을 살아가는 농민들이고 지역 주민들이기 때문에 주민들의 환경운동을 활성화해야 한다. 지역사회의 물, 공기, 흙이 오염되지는 않았는지, 그 속에 살아가는 생물과 이웃 사람들이 오염으로 인해 고통을 받고 있지 않은지, 내가 살고 있는 지역사회가 알맞은 품위를 잃어가지는 않았는지 살피고 돌아보아야 한다.

지역사회나 정부정책이 환경적으로 올바르게 만들어지지 않으면, 그 안에서 살아가는 우리의 생활 또한 환경적으로 올바를 수 없다. 국가의 정책이 환경을 보전하는 방향으로 지역사회와 생활을 가꾸어나가는 데 부족함이 없도록 감시하고 바로잡는 것 또한 시민들의 몫이어야 한다.

그렇게 우리는 파괴되어 가는 이 땅을 바로잡아 후손들에게는 우리가 물려받은 것보다 더 나은 환경을 물려줄 수 있도록 최선을 다해야 한다. 이것은 바로 우리가 이 땅에서 생존할 뿐만 아니라 번영할 수 있는 길이다.

한 그루 나무처럼 홀로 자유롭게 그리고 하나의 숲처럼 어우러져

우애를 다지며 살아가는 것, 그것이 우리들이 꿈꾸는 삶이리라.

맺음말

이 땅에 충만하라

자연의 법칙을 어기면 어떻게 되는가에 대해서는 고대 문명국들의 실례로부터 역사적인 교훈을 얻을 수 있다. 이집트를 비롯한 북아프리카, 티그리스·유프라테스 강 유역과 이스라엘을 비롯한 중동 지역, 지중해의 섬들, 그리스와 이탈리아 남부, 인도 북부, 중국의 황허 유역, 잉카와 마야 문명의 유적지 등 고대문명의 발상지를 보면 이들 지역은 오늘날 한결같이 사막이거나 거의 황폐하다. 그러나 역사적인 기록에 의하면 옛날에는 모두 비옥한 땅이었다.

이집트는 '유럽의 곡창'이라는 별명이 붙었을 정도로 말 그대로 유럽에 곡식을 공급하던 땅이었다. 유럽의 제국들이 이집트를 손에 넣으려고 했던 이유도 여기에 있었다. 성경에서도 '여호와의 동산 같고 애굽의 땅과 같다'고 언급하여 이집트 땅이 비옥했다는 것을 알 수 있다. 이스라엘, 즉 야곱이 가나안 땅의 가뭄을 피해서 자손들을 데리고 애굽에 내려가 정착한 고센 땅은 나일 강의 삼각주 지역이었다. 여기서 이스라엘의 자손들은 430년을 거주하면서 큰 민족을 이루게 되었다. 20세 이상의 남자 70명이 60만 명으로 불어났던 것이다.

팔레스타인 지역도 성경에서 '젖과 꿀이 흐르는 땅'으로 묘사될 정도로 비옥하던 땅이다. 이 지역에 실제로 야생꿀이 많이 있었다는 것은 삼손에 관한 기록에서나, 세례 요한이 메뚜기와 야생꿀을 먹고 살았다는 기록으로도 알 수 있다. 오늘날 지구상에서 야생꿀을 먹을 수 있는 곳은 아메리카 대륙이나 뉴질랜드 등지의 아주 잘 보존된 삼림 지역뿐이다. 다윗의 시 중에 '내가 사망의 음침한 골짜기로 다닐지라도 해를 두려워하지 않을 것은'이라는 구절도, 당시의 산골짜기는 죽음처럼 캄캄한 그늘이 질 정도로 나무가 무성했다는 것을 말해준다.

그리고 예수의 제자들은 갈릴리 호수에서 어부였을 정도로 그때의 호수는 깨끗하고 풍성했다. 레바논도 수천 년 전에는 울창한 삼림지역이었다. 솔로몬의 성전을 비롯해서 이 지역의 중요한 건물들은 대개 레바논의 목재로 건축되었다. 레바논의 백향목은 성경에 자주 언급되고 있다.

그러나 지금 이 땅들은 어떤가. 이집트는 사막국가가 되었다. 인구는 당시보다 줄었고 그런데도 땅이 척박하여 자급자족을 할 수 없어 식량을 유럽에서 수입하고 있다. 팔레스타인도 마찬가지로 풀 한 포기 나무 한 그루 사람 손으로 심지 않으면 하나도 없을 정도로 황폐해졌다. 이 외에도 앞에 열거한 고대문명의 발상지들이 예전에는 모두가 비옥했던 땅이었지만 지금은 황폐해져 있다. 이 예들이 우리가 자연의 법칙에 따라 땅을 지키고 가꾸지 않으면 망할 수밖에 없다는 것을 말해준다.

고대문명국들은 수천 년에 걸쳐서 서서히 황폐해졌기 때문에 그 과정을 깨닫지 못했으나 오늘날의 자연파괴는 이것을 단지 수 년 혹은 수십 년 만에 이루어내고 있다. 수십 년 전이면 우리나라의 해변 어디서나 조개, 게, 성게, 물고기들을 볼 수 있었는데 지금은 그 대신 쓰레기만 있을 뿐이다. 그렇게 많이 뿌리는 농약이 논과 밭의 해충만 죽일 리가 없다. 빗물과 강물을 타고 바다로 흘러들어 가면 연안의 플랑크톤이 죽고 이에 따라서 연안 생태계 역시 빈약해질 수밖에 없다. 일본이 침략하기 이전에 무성하던 산림은 해방 이후 민둥산이 되어버렸다. 결과적으로 홍수와 가뭄을 막지 못하여 많은 인공호수를 만들어야 했고 그러고도 해마다 홍수와 가뭄을 겪는 것이 우리의 현실이다.

이 땅에 사는 모든 생물들은 자연의 은혜를 있는 그대로 받아먹고 산다. 그러나 인간만은 유독 움켜쥐고 다른 생물의 것까지 뺏어 먹으며 살려고 한다. 그래서 이 땅의 자원을 고갈시키고 환경을 오염시켜 스스로 자멸의 길로 빠져들고 있다.

오늘날의 이러한 자원과 환경 문제가 '땅을 정복하라'는 기독교 정신에서 비롯되었다는 주장이 종종 제기되고 있다. '아는 것이 힘'이라고 한 16세기 영국의 철학자 프란시스 베이컨은 자연이란 것은 인간에 의해 길들여져야 하고 인간은 이 자연을 길들이기 위해 지식을 쌓아야 한다고 했다. 이런 정신을 이어받아서 미국의 청교도들은 자연이 인간의 적이라도 되는 듯이 자연과 싸워 이기는 정신을 개척정신이라고 하여 미덕으로 기렸다. 그리하여 자연에 가한 대규모의 파괴가 곧 인간의 승리인 것으로 인식해왔다. 그러나 자연의 질서를 파괴하는 행위는 인간의 승리가 아니라 오히려 재난으로 나타나고 있다.

프란시스 베이컨의 성경 해석은 잘못된 것이다. 「창세기」 1장 28절을 보면 하느님이 아담과 이브에게 제일 먼저 내린 명령이 '땅에 충만하라, 땅을 정복하라, 생물을 다스리라'이다. 히브리 원어에서 '충만하라'는 말은 '채우라, 충족시키라'는 뜻을 가지고 있다. 이 말은 땅이 제 기능을 잘 발휘할 수 있도록 땅이 필요로 하는 것을 순리대로 채워주라는 뜻이다. 우리가 땅의 필요를 채워주면 땅이 우리의 필요를 채워준다는 것이다.

또 '정복하라'는 말은 히브리 원어에서 '가꾸라'는 뜻을 가지고 있다. 땅을 아름답고 풍성하게 가꾸면 우리의 삶도 아름답고 풍성하게 되고, 북아프리카나 북한같이 땅을 황폐하게 만들면 우리의 삶도 황폐하게 된다는 뜻이다. '생물을 다스리라'고 한 것도 다양한 생물들이 잘 살 수 있도록 보살피면 우리의 삶도 보살핌을 받는다는 뜻이다.

많은 사람들이 자연과 싸워 이기는 행위를 미덕으로 기려왔으나,

인간은 결코 자연을 거슬러 싸워서는 이길 수가 없다. 자연법칙에 순응해서 자연을 지키고 가꾸며 살아야 한다.

인간은 자기 자신만이 아니라 다른 이웃들을 위해서, 내가 속한 마을과 사회를 위해서 살아갈 때 삶의 의미와 기쁨을 느낄 수 있다. 그런데 이제는 더 나아가야 한다. 이 세상은 인간만이 살아가는 곳이 아니다. 인간은 수많은 생명들과 함께 지구 위에서의 삶을 살아가고 있다. 이제 그 수많은 생물들 역시 기쁨을 누리며 온전히 생명활동을 할 수 있도록 인간이 도움을 주어야 한다. 그러면서 느끼는 행복으로 우리 삶을 충만하게 해야 한다.

환경공학을 연구하고 실천할수록 나는 자연의 그 모든 움직임 하나하나에는 위대한 진리와 신비로운 질서가 담겨 있다는 생각이 강해진다. 복잡한 길을 돌아 내가 만났던 자연의 질서는 거대하면서도 또렷한 것이기도 했다.

자연은 모든 것이 균형을 이루고 있다. 사람의 얼굴도 오른쪽과 왼쪽이 대칭이듯 자연 생태계에 존재하는 것들은 서로 대칭을 이루며 균형을 맞추며 살아간다. 자연은 모든 것이 목적을 갖고 태어난다. 어느 하나 목적 없이 존재하는 것이란 없다. 사람의 맹장은 아무 짝에도 쓸모없는 것으로 생각했었지만, 나중에 알고 보니 우리 몸에 면역체를 만들어내는 중요한 구실을 담당하고 있었다. 잡초는 이름은 없지만, 태어난 이유가 없는 것은 아니다. 모두가 자기 나름대로의 소명이 있다. 자연 만물은 모두 자신만의 특별한 소명을 갖고 이 지구에 내려왔다.

또 자연의 모든 것은 제각각 있어야 할 자리에 있다. 사람의 눈, 코, 입, 귀는 모두 얼굴에 있어야 할 자리에 붙어 있다. 누구도 그것을 이상하게 생각하지 않는다. 갯벌은 그 자리에 있어야 하기 때문에 그 자리에 있다. 강도 제각각 있어야 할 자리들이 있기 때문에 각각의 자리에서 구불구불 흐른다. 이러한 자연의 모든 것은 함께 어울려 있다. 미생물은 동물과 식물이 없으면 살 수 없고, 식물은 미생물과 동물 없이는 살 수 없다. 모두가 서로가 없으면 살아갈 수 없다.

저마다 아름다운 균형을 갖춘 것들이 자신이 있어야 할 자리에서 자기만의 목적을 실현해가고, 이 지구를 떠날 때까지 함께 어울려 흘러가는 것이 자연이다. 인간도 그런 자연의 한 부분이다.

아름다운 것들은 다 제자리에 있다.

이제 뭇 생명의 관점에서 자신의 삶을 살아야 한다. 그것이 곧 인간으로서의 삶을 충만하게 가꾸어가는 길이다. 광대한 우주에서 인간 자신에게만 국한된 삶은 얼마나 협소하겠는가. 우주와 하나임을 느낄 때 나의 삶은 훨씬 확장되고 행복과 기쁨 또한 커질 것이다.

우리를 파멸로 몰고 가는 그 변화가 너무나 거세기 때문에 이를 거스른다는 것은 달걀로 바위를 치듯이 여간 힘든 일이 아니다. 그러나 죽은 물고기는 물결을 따라 흐르지만 산 물고기는 물을 거슬러 오르듯, 생명을 가진 사람들은 세상 물결을 거슬러 보며 새로운 희망을 만들어 가야 한다. 이 땅과 함께 살아가는 사람들이 이제는 강산을 가꾸고 살아가야 한다. 거기 사는 생명들과 함께 우리의 삶은 더욱 풍요로워질 것이다.

감사의 글

이 책을 쓰는 동안 내 가슴 속에는 미안함과 감사의 마음이 함께 있었다. 4대강 토건공사를 막아내기 위해 자신의 모든 것을 던진 분들이 있었다. 그리고 자신의 모든 것을 잃은 분들이 있다. 그런데 나는 내 이름이 달린 책 하나를 더 갖게 되었다. 그분들께 한없이 죄송한 마음이다. 무엇보다 글을 쓰는 동안에도 무섭게 파괴되고 있는 강들을 생각하면 슬픈 마음이 깊어져만 갔다.

한편으로는 이 책을 만들기 위해 많은 분들이 도움을 주어 내내 행복했다. 이 책은 '참사람의 숲'을 이루어 '생명·평화·나눔'의 세계로 나아가는 사회운동단체 〈나눔문화〉에서 강의를 한 인연으로 탄생할 수 있었다. 나에게 처음 출간을 제안해주고 격려해준 〈나눔문화〉와 박노해 시인께 감사의 인사를 드린다. 박노해 시인은 우리 강에 대한 깊은 통찰이 담긴 아름다운 시를 이 책에 실을 수 있도록 도움을 주었다.

전에도 몇 권의 책을 냈지만 〈느린걸음〉 출판사처럼 온 마음과 정성을 기울인 경우는 아직 보지 못했다. 〈느린걸음〉의 허택 대표는 나의 강의 내용과 여기저기 흩어져 있던 글을 모으고 일관된 메시지를 전달할 수 있도록 편집을 도와주었다. 〈글씨미디어〉의 홍동원 소장은 죽어가는 생명들과 강의 절박함이 잘 드러나도록 표지 디자인을 해주었다. 우리 강이 파괴되는 현장을 아픔과 슬픔으로 기록해온 지율스님은 그의 소중한 사진을 싣도록 해주었다. 본문 디자인을 맡아준 〈나눔문화〉 디자인팀의 윤지혜 연구원은 독자들이 한눈에 이해할 수 있도록 딱딱한 도표들을 창조적으로 새롭게 그려내었다. 4대강 공사현장에 달려가 피켓을 들고 온몸으로 저항했던 〈대학생나눔문화〉의 젊은 벗들은 현장에서 보고 느낀 것을 안타까운 마음으로 내게 전달해주었다. 그들과 이야기를 나누면서 새로운 영감과 열정을 잃지 않을 수 있었다. 모두가 우리 강을 살리고자 하는 염원으로 혼신과 열정을 다해주었다.

  2010년 새해 아침, 정년을 일년 앞둔 마지막 한 해를 어떻게 보내야 할지 금식 기도를 하며 고민했다. 4대강 토건공사를 막는 일에 전력을 다하자고 결심했는데, 이 책을 내면서 정년을 마무리하도록 인도하신 하나님께 감사드린다. 그리고 반평생 행복하게 나의 곁을 지키며 용기를 잃지 않게 격려해준 아내에게 이 책을 바친다.

  속도전을 방불케 진행되는 4대강 토건공사에 비해 이 책은 뒤늦게 나왔다. 대부분의 시간을 한 사람이라도 더 만나 진실을 알리려 했고, 많은 분들 앞에서 강연을 해야 했다. 틈틈이 시간을 쪼개 원고를 만졌다. 앞으로 이 책이 나와 함께 또 한 명의 연사가 되길 바란다. 마지막으로 수천 년을 이어온 이 땅의 숨결이 우리 아이들의 숨결로 이어져 푸른 생명으로 피어나기를 기원한다.

부록 한반도 대운하 변천사

1996년	7월 이명박 한나라당 국회의원, 국회 대정부 질의에서 "경부운하가 건설되면 물류비용을 1/3로 줄일 수 있고 관광·레저사업에 활용하는 것도 가능하다"고 경부 운하 건설을 처음 주장
2005년	10월 1일 청계천 복원, 시민개방
	10월 13일 이명박 서울시장, 관훈클럽 초청 토론회에서 "경부운하는 국가적 아젠더로 던져볼 만하며 기술적으로 충분히 가능한 사업"이라고 주장
	10월 15일 이명박 서울시장, 청주국제공예비엔날레 행사에 참석해 "경부운하 건설은 충북을 연결해 (내륙의) 항구도시를 만드는 것"이고 "독일 라인 강에 유람선만 다니는 것이 아니고 화물선도 많이 다니는데 우리나라는 강을 하수구로 쓰고 있다"고 말함
2006년	6월 참여정부 당시 건설교통부, 「하천정비 기본계획 수립현황과 하천별 정비현황, 치수사업의 민간위탁현황」 보고서 발표. 4대강의 하천정비 97.3%가 완료되었다는 내용
	8월 17일 이명박 한나라당 대선후보, 본격적인 대선행보 나섬. 내륙운하건설 계획 밝히고 나흘 동안 탐방에 들어감
	9월 한반도대운하연구회, '한반도 대운하 계획 수립'
	10월 25일 이명박 후보, '한반도 대운하' 구상 윤곽 공개
	11월 13일 한반도대운하연구회, '한반도 대운하 국운융성의 길 심포지엄' 주최
2007년	2월 7일 이명박 캠프 교수모임 '포럼 푸른한국', 한반도 대운하 쟁점 토론회 개최
	5월 21일 한반도대운하연구회, '4만 달러 시대를 여는 성장동력 한반도 대운하' 학술심포지엄 개최

5월 29일 박근혜 한나라당 의원, "21세기에 그런 운하를 파서 국가 경쟁력을 높인다는 게 타당성이 있느냐에 대해 동의하지 않고 있다"고 비판

6월 18일 정부 태스크포스(TF) '경부운하 재검토 결과보고서' 작성 및 유출 논란

6월 25일 경기경찰청, '경부운하 재검토 결과 보고서' 유출 관련, 수자원공사 기술본부장 김모 씨 입건

8월 31일 이치범 前 환경부 장관 "대운하 공약은 비상식적" 비판

12월 19일 이명박 후보, 대통령 당선

12월 27일 대통령직 인수위원회, 현대건설 등 '빅5' 건설사 대표와 간담회

2008년
1월 14일 '빅5' 건설사 경부운하 건설 컨소시엄 구성

1월 18일 SK건설 중심 6~10위 건설사 컨소시엄 구성

2월 5일 대통령직 인수위, 국정과제 중 '글로벌 코리아' 기반 조성을 위한 핵심과제로 한반도 대운하 사업 선정

2월 25일 이명박 대통령 취임

2월 28일 정종환 국토해양부 장관 후보자, "대운하 반드시 추진하겠다"

3월 25일 대학교수 1,800여명, 운하반대전국교수모임 발족. 국토해양부, 운하사업준비단 재가동

3월 27일 "내년 4월 대운하 착공 계획" 국토해양부 건설수자원정책실 내부 보고서 발견

3월 28일 '대운하 극비추진 보고서' 유출, 운하 추진 구체적 일정까지 명기

3월 29일 국토해양부, '한반도 대운하 비밀기획단' 논란

3월 30일 국토해양부, 대운하 태스크포스(TF) 존재했으나 조직개편에 따라 폐지했다고 해명

4월 9일 4.9 총선, 한나라당 과반의석 확보

5월 1일 이동관 청와대 대변인, "대운하 민자로 진행하겠다는 뜻에 변함없다"

5월 2일 미국산 쇠고기 수입 반대 촛불집회 시작.

5월 7일 강만수 기획재정부 장관 "대운하 사업이 새 정부 임기 내에 이뤄지길 희망", "운하가 아닌 수로다"

5월 13일 이명박 대통령 촛불집회 1차 사과, 한반도 대운하 사업을 4대강 재정비 사업으로 축소 추진하기로 하고, 하반기에 본격적인 대국민 홍보에 착수하기로 함.

5월 21일 이명박 대통령, 대운하 단계별 추진 시사, "4대강 정비사업을 먼저 추진하겠다"

5월 23일 영남권 단체장들, '낙동강 운하 조기추진' 촉구

5월 24일 한국건설기술연구원의 김이태 박사 양심선언, "4대강 정비 실체는 대운하 사업이다, 국토부로부터 대운하 반대논리에 대한 정답을 요구받고 있다" 폭로

6월 1일 국토해양부, 대운하 비판 정면돌파기로 방향 선회. 정내삼 국토해양부 대운하사업준비단장, KBS〈일요진단〉에 출연해 정부가 진행하고 있는 대운하 준비상황 설명

6월 2일 청와대, 한반도 대운하 사업 '일단 보류, 정부 내 논의중단' 방침

6월 4일 한나라당, 재보선 참패

6월 19일 이명박 대통령 촛불집회 2차 사과, 대국민 담화 기자회견에서 "대운하도 국민이 반대하면 추진하지 않겠다"고 선언

11월 28일 이명박 대통령, "4대강 정비사업이면 어떻고 대운하면 어떻냐"고 발언

12월 15일 국가균형발전위원회에서 '4대강 살리기 사업 프로젝트' 의결. 박희태 한나라당 대표, 이명박 대통령과의 조찬회동에서 4대강 공사에 대해 "전광석화같이 착수하고, 질풍노도처럼 밀어붙여 KTX 고속열차를 탄 것처럼 속도감을 느끼게 하자, 전 국토가 거대한 공사장처럼 보여야 한다", 이에 대해 이명박 대통령은 "행정절차를 축소해서라도 사업이 빨리 추진될 수 있도록 해달라"고 말함

12월 22일 이명박 대통령, "4대강 정비사업은 녹색기술을 갖고 녹색 탄생을 하자는 것인 만큼 4대강 재탄생 사업이라고 본다"고 발언

12월 23일 한국건설기술연구원, 김이태 연구원에게 '정직 3개월' 중징계

12월 29일 한승수 국무총리, 낙동강 지구에서 사전환경성 검토 없이 '4대강 살리기' 사업 착공식 거행

2009년

1월 6일 정부, '녹색뉴딜' 사업 발표(2010년까지 50조원 투입). 핵심은 '4대강 살리기 및 주변정비' 사업(2012년까지 17조 9,917억 원을 투자하고 27만 5,973개 일자리 창출 목표)

1월 10일 부국환경포럼 발족(대표 박승환, 전 한반도대운하추진위원장)

2월 5일 '4대강 살리기 기획단' 발족(국토해양부·환경부·행정안전부 등 합동으로 5개 팀 구성)

4월 15일 '4대강 살리기 추진본부'로 확대개편

5월 22일 '4대강 살리기' 설명회 반대한 시민단체 활동가 9명 경찰에 소환

5월 25일 국토해양부, '4대강 살리기 사업 마스터플랜' 공청회

6월 2일 환경단체, "4대강 사업, 낙동강 수질 오히려 악화"

6월 8일 정부, '4대강 살리기' 사업 마스터플랜 발표, "2012년까지 22조 2천억 원 투입, 높이 10~14m의 대형 보 16개 설치, 부산-안동간 320km 강 유역을 구간 폭 220m, 평균수심 6m로", 민주당·민주노동당, "환경 국치의 날"이라고 성명

9월 9일 '4대강 살리기' 1차 턴키공사 가격 입찰(GS건설·현대산업개발·삼성중공업 등 참여)

11월 8일 환경부, 4개월 만에 4대강 환경영향평가 종료, 위법논란

11월 9일 대한하천학회·운하반대전국교수모임, 서울대학교에서 기자회견, "4대강 사업의 환경영향평가는 졸속과 부실로 점철됐다"며 "원칙대로 다시 시행하라"고 촉구

11월 10일 낙동강 달성보·구미보·합천보, 영산강 승촌보에 중장비 투입, 전국 4대강 공사 본격 돌입. 24시간 철야공사 강행

11월 26일 국민소송단, 법원에 4대강 사업 위헌위법심판 소송 제기

11월 27일 이명박 대통령, 〈특별생방송 대통령과의 대화〉 출연, "4대강은 시급히 복원시켜야 하고 (4대강을 연결해) 대운하를 만드는 것은 필요하면 다음 대통령이 판단하면 된다"

12월 12일 경남 김해 한림지구 낙동강 고수부지에서 채소농사를 짓던 농민 이 모(57) 씨, 4대강 사업으로 농지 몰수당한 뒤 보상금 지급을 받지 못해 비관자살

12월 30일 한나라당·민주당, 4대강 사업 예산협상 결렬

12월 31일 야당의원들의 표결 불참 아래 한나라당 단독으로 4대강 사업 예산 통과처리

2010년

2월 2일 민주당 김상희·김재윤, 민주노동당 홍희덕 의원, 낙동강 달성보 공사 현장의 오니토(오염 물질을 포함한 진흙)에서 비소 등 발암물질 포함 중금속 채취·분석 결과 발표

2월 12일 MBC 뉴스 보도, "4대강 사업 현장인 영산강 죽산보 공사 현장에서 우회 물길이 막혀 불과 35mm 비로 영산강 보리밭 10ha 침수, 농민들 4대강 사업 때문이라고 반발"

2월 24일 한강 두물머리 팔당유기농단지에 토지측량 불법강제집행 및 공권력 투입, 농민 11명 연행

3월 5일 이명박 대통령, 대구 시청에서 열린 대구·경북 업무보고에서 "(4대강 사업으로) 낙동강도 뚫려 대구가 내륙이 아니라 항구다. 분지盆地적 사고를 하면 안 된다"라고 발언

3월 8일 전국 천주교 사제 1,500인 4대강 사업 반대 선언

3월 12일 천주교 주교회의, 4대강 사업 반대입장 공식 천명

3월 23일 이명박 대통령, 4대강 사업 적극 홍보 지시. 4대강 사업을 국민들에게, 특히 종교계에 보다 적극적으로 설명하라고 지시

3월 26일 미국 과학진흥협회(AAAS)가 발행하는 세계적 권위의 과학 주간지 『사이언스』, 4대강 사업 논란을 대서특필

4월 16일 지율스님, 국토해양부가 부처 홈페이지에 올린 4대강 준설 홍보영상은 낙동강 현장답사에서 직접 본 사실과 다른 거짓이라며 정종환 국토해양부 장관을 검찰에 고소

4월 17일 전국사찰 50여 곳 스님과 불교신도 1만여 명, 서울 조계사에서 〈4대강 생명살림 수륙대재〉 개최

4월 19일 충남 금강보 건설 현장 앞, 천주교 사제들 〈금강생명평화미사〉 봉헌

5월 4일 낙동강 상주보 공사장에서 덤프트럭 기사로 일하던 지경하(56) 씨, 하루 15시간 이상 중노동 시달리다 뇌출혈로 쓰러짐

5월 10일 천주교 사제들, 〈4대강 사업저지를 위한 천주교연대〉가 주관한 미사로 "4대강 중단하라" 요구. 87년 6월 민주화 항쟁 이후 최초 명동성당 실내 시국미사 봉헌.

전국 천주교 사제 5005인 4대강 사업 반대 2차 선언

5월 18일 천주교정의구현전국사제단, 4대강 사업 반대단식 돌입

5월 24일 경기도 여주 남한강 신륵사에서 천주교·불교·개신교·원불교 4대 종단 〈생명의 강을 위한 4대종단 공동기도회〉 개최

5월 31일 오후 3시, 경북 군위 지보사 문수스님, "4대강 사업 중단" 유서 남기고 소신공양

6월 2일 전국 지방선거 실시, 4대강 사업이 주요 쟁점이 된 선거에서 여당 참패

6월 3일 국방부, 낙동강 공사구간에 군 부대 투입. 지방선거 지자체장 당선자들 일제히 4대강 사업 제동 나섬. 이시종 충북 도지사 당선자 '환경성 검토 다시', 안희정 충남 도지사 당선자 '준설토 처리 거부', 염홍철 대전시장 당선자 '예산 지천에 투입', 김두관 경남 도지사 당선자 '사업전반 재검토'

6월 7일 박준영 전남 도지사 당선자(민주당), 영산강 개발 찬성발언

6월 9일 석 달째 24시간 철야 공사가 진행되던 경기도 여주군의 4대강 사업 공사 현장, 둑이 무너져 일대가 잠기는 사고 발생

6월 10일 『한국일보』와 〈미디어리서치〉 여론조사 결과, 국민 79.4%가 4대강 사업 추진에 부정적

6월 12일 낙동강에서 20년 넘게 일한 골재 채취업자, 생업 끊겨 "4대강 사업이 원망스럽다"며 유서 남기고 비관자살

6월 14일 이명박 대통령, 텔레비전 연설을 통해 4대강 사업 강행 선언

6월 15일 민주당 정세균 대표, 수장 각오 발언, "이명박 대통령이 민심을 무시하고 4대강 사업을 밀어붙이는 상황에서, 수장당할 각오로 배수의 진을 치고 한 판 승부를 벌이지 않으면 대통령의 고집을 꺾을 수 없음을 확인했다. 지금까지 해왔던 방법보다 더 확고한 방법과 신념으로 맞설 것"

6월 19일 국토해양부, 4대강에 설치되는 16개 보의 수문설치 공사 본격화

6월 23일 김태영 국방장관, 4대강 사업에 대한 군 병력 투입 논란과 관련, "중장비를 다루는 운전병들의 훈련기회가 평소에 적은데 운전병들의 기량향상에 도움이 된다"고 발언

6월 24일 4대강 준설량 1억m³, 공정률 20% 돌파. 김두관 경남도지사직 인수위원회, 경남도청

프레스센터에서 기자회견 열고 보 폭파 발언. "정부는 낙동강 함안·합천보 건설과 준설을 중단해야 한다. 보 설치를 위해 이미 설치한 교각은 폭파를 통해 철거해야 하며, 교각 철거시 폭약을 넣어 발파하면 비용도 얼마 들지 않을 뿐 아니라 공정도 10일이면 충분할 것"

7월 17일 집중호우로 인해 4대강 사업 구간의 합천보와 함안보가 완전히 물에 잠겨 공사 전면 중단

7월 18일 '4대강 사업 중단' 유서를 남기고 소신공양한 문수스님 49재

7월 22일 4대강 사업 중단 요구하며 환경운동연합 활동가 5명이 공사가 진행 중인 이포보·함안보에 올라 고공농성 시작

7월 30일 국토해양부, 경남·충남도에 '4대강 사업 찬성이냐, 반대냐'에 대한 공식답변을 8월 6일까지 요구, 반대하면 정부가 사업권을 인수한 뒤 추진하겠다고 압박

8월 2일 김두관 경남 도지사, "우리는 속도전을 안 하기 때문에 정부에서 요구하는 날짜까지는 답하기 힘들다"

8월 4일 충남도, '대규모 보 건설과 준설 공사는 전면 중단하고 사업 속도 조정해 달라'는 내용이 골자인 공식답변 발표

8월 4일 국토해양부, '충청남·북도, 4대강 살리기 사업 정상추진 의사 밝힘'이라는 제목의 언론 보도자료 배포

8월 4일 안희정 충남 도지사, 국토해양부에 즉각 반박. "4대강 사업에 대한 제 입장에 아무런 변함이 없다"

8월 4일 민주당, 금강 사업에 대해 '보 건설 최소화하고 지천 정비 등을 통해 수질개선하자'는 재검토 협의를 정부에 공식제안.

8월 4일 한나라당, 민주당의 협의 제안과 충남·충북 지사의 입장발표 내용을 '4대강 사업 입장 선회'로 규정

8월 5일 9개 주요 일간지 중 7곳, 일제히 '4대강 사업 반대 지자체장들이 찬성입장으로 선회했다'는 내용의 기사 집중보도

8월 5일 민주당, 한나라당의 '입장선회' 규정에 대해, "4대강 사업에 대한 입장변화 없다"

8월 5일 이미경 민주당 4대강사업저지특위 위원장, "국토부가 잘못 발표한 데 대해 관계자 문책을 요구할 것"

8월 5일 이시종 충북 도지사, "운하를 전제로 한 보 건설과 준설은 여전히 반대다"

8월 8일 청와대 인사 개각 단행. 환경부·국토해양부 장관은 유임

8월 10일 이만의 환경부 장관, 출입기자 간담회에서 '4대강 수출론' 주장. "4대강 사업은 녹색성장 사업이고, 이를 해외에 수출할 모범 사업으로 생각해야 한다"

8월 11일 민주당, 낙동강·한강·영산강 사업 대안발표 후 정부에 요구. "한강은 준설과 보 건설 모두 전면 중단, 낙동강은 필요한 일부 지역만 준설 허용하고 보 건설 전면 중단, 영산강은 보 2개 건설과 준설 전면 중단, 단 영산강의 수질오염 상태 감안해 정화비용 200억 원 투입"

8월 11일 새벽 4대강 토건공사 중단을 요구하며 20일째 낙동강 함안보 공사현장 타워크레인에 올랐던 최수영 부산환경운동엽합 사무처장, 이환문 진주환경운동연합 사무국장, 태풍 덴무에 따른 안전을 염려한 동료들의 설득으로 크레인 아래로 내려옴. 경찰, 두 활동가에 대해 곧바로 업무방해혐의로 구속영장 신청

8월 31일 경기도 여주 남한강 이포보 공사현장에서 4대강 토건공사 중단을 요구하며 박평수 고양환경운동연합 집행위원장, 염형철 서울환경운동연합 사무처장, 장동빈 수원환경운동연합 사무국장 41일째 고공 농성 중

8월 31일 현재 한강, 금강, 낙동강, 영산강에서 4대강 토건공사 진행 중

주註

I
4대강 토건공사의 진실

1. 임혜지, 「4대강 사업 – 독일교포를 위한 강의」, 『녹색평론』 제112호(2010년 5~6월호), 10~12쪽.
2. 임혜지, 같은 책.
3. 「대운하추진팀이 '4대강 비밀추진팀'으로」, 『한겨레』, 2008년 12월 16일.
4. 「여의도 무역항 지정 한강운하 강행 논란」, 『한겨레』, 2010년 5월 31일.
5. 건설교통부, 「하천정비기본계획 수립현황과 하천별 정비현황, 치수사업의 민간위탁현황」, 2006년.
6. 「사이언스, "4대강사업, 시대역행 발상"」, 『한겨레』, 2010년 3월 30일.
7. 이동수, 「국내 하천/호소 바닥퇴적토의 중금속 오염도 : 준설이 필요한가? 하구댐개방 및 보철거의 당위성」, 대한하천학회 토론회 발표자료, 2010년 2월.
8. 환경정책평가연구원, 「기후변화 대응을 위한 적정 하천공간 확보방안 연구 1」, 2009년.
「정부 주장과 달리 "낙동강 수심 100년간 1.5배 깊어졌다"」, 『한겨레』(2010.8.2)에서 재인용
9. 김좌관·박재현, 「낙동강사업으로 인한 식수오염 문제」 학술세미나 공동주제발표, 2010년 3월 8일, 부산시민센터.
10. 공중파 3사가 동시 방송한 〈대통령과의 대화〉, 2009년 11월 27일.
11. 대통령 자문 지속가능발전위원회, 「지속가능한 물관리정책」, 2005년 1월.
12. Alon, G., "Water Resource Management Practices in Israel towards Sustainability", 『지속가능한 국토환경의 보전 및 개발전략을 위한 국제 세미나 논문집』, 서울대학교 환경대학원 개관기념 세미나, 2000년 5월.
13. 환경부, 2008년.
14. 건교부, 「하천정비기본계획 수립현황과 하천별 정비현황, 치수사업의 민간위탁현황」, 2006년.
15. 「2만 농민 내쫓는 '4대강'… 일자리 고작 1만개」, 『한겨레』, 2010년 5월 18일.
16. 민주당 최영희 의원이 국토해양부와 노동부 자료를 토대로 올해 4대강 공사에 참여하고 있는 공구별 원·하청 업체 389곳의 고용보험 신규 가입 현황을 분석한 결과. 「4대강 상용직 창출 고작 130개」, 『한겨레』(2010.6.30)에서 재인용.

17. 「2만 농민 내쫓는 '4대강'… 일자리 고작 1만개」, 『한겨레』, 2010년 5월 18일.
18. 불교방송 〈김재원의 아침저널〉, 2009년 12월 11일.
19. McCully, P., *Silenced Rivers*, London : Zed Books, 2001, p. 86.
20. 최병성, 『강은 살아있다』, 황소걸음, 2010년, 189~190쪽.
21. http://theplanb.tistory.com/entry/김문수와-오세훈의-대운하-양심고백
22. 한국수자원공사, 「수도권 수송체계 개선을 위한 경인운하 건설방안」, 1995년.
23. 임석민, 「물류효과 없는 운하, 재론의 여지도 없다」, 『녹색평론』, 제112호(2010년 5~6월호), 31~32쪽.
24. European Commission, 2006.
25. Miyaoka, K. & Park, Hye-Sook, "The Characteristics of Canals in Japan", '2008 강의 날' 대회 발표자료.
26. http://schools-wikipedia.org/wp/y/Yellow_River.htm
27. 임혜지, 「4대강 사업 - 독일교포를 위한 강의」, 『녹색평론』, 제112호(2010년 5~6월호), 18쪽.
28. 「이 대통령, 대구 - 광주 R&B 특구 지정 준비 지시」, 『동아일보』, 2010년 3월 6일.
29. 『墨子』, 「親士篇」
30. 『墨子』, 「七患篇」
31. 홍성태, 『생명의 강을 위하여』, 현실문화, 2010년, 221쪽.
32. 손낙구, 『부동산 계급사회』, 후마니타스, 2008년, 275쪽.
33. 데이브드 스즈키·피터너스, 『생명은 끝이 없는 길을 간다』, 모티브북, 2008년, 222~223쪽.
34. 「강, 인위적 관리방식 버려야」, 『한겨레』, 2010년 6월 24일.

II. 이 땅에 살기 위하여

1. Seoul Metropolitan Government, *Seoul Metropolitan Administration*, 1988. pp. 2~4.
2. 환경청, 『환경보전의 길』, 1990년, 13쪽.
3. 이숭녕, 『한국의 전통적 자연관』, 서울대학교 출판부, 1985년, 201쪽.
4. 내무부, 『자연보호』, 1978년.
5. 최창조, 「최창조의 땅의 눈물 땅의 희망: 12. 금수강산 그린벨트」, 『한겨레』, 2000년 2월 24일.
6. Johnson C, "Chalmers Johnson on the Myth of Free Trade", http://www.truthdig.com/arts_culture/item/20080124_chalmers_johnson_on_the_myth_of_free_trade, 2008.
7. McCully, P., *Silenced Rivers, the Ecology and Politics of Large Dams*, London: Zed Books, 2007, p. 27.
8. 통계청, 『통계연보 2005』, http://kosis.nso.go.kr/cgi-bin/
9. "Statistical Bureau of Japan", *Japan Statistical Yearbook*, 2005.

10. Marks, J. C, "Down go the dams," *Scientific American*, March, 2007, pp. 48~53.
11. McCully, P., 같은 책, pp. 116~117. http://en.wikipedia.org/wiki/Banqiao_Dam
12. 염형철, 「댐 마피아의 해체와 물 정책의 개혁」, 홍성태 엮음, 『한국의 근대화와 물』, 한울, 2006년, 346쪽.
13. 건설교통부, 「수자원 장기 종합계획1997~2011」, 1996년, 18~85쪽.
14. 국토연구원·농어촌연구원·한국환경정책평가연구원·한국해양수산개발원·전북발전연구원, 「새만금 간척용지의 토지이용계획수립연구」, 2006년 11월.
15. 새만금사업환경영향공동조사단, 「새만금사업 환경영향공동조사 결과보고서(수질분과)」, 2000년.
16. 새만금사업환경영향공동조사단, 「새만금사업 환경영향공동조사 결과보고서(환경영향분과)」, 2000년.
17. 새만금사업환경영향공동조사단, 「새만금사업 환경영향공동조사 결과보고서(경제성분과)」, 2000년.
18. 유근배, 「서해안 간척사업과 환경문제」, 서울대학교 사회정의연구실천모임 세미나 발표자료, 1991년.
19. 최영준 외, 「천수만 지역의 어업환경과 어촌: 간척과 그 영향을 중심으로」, 『성곡논총』, 제27집 2호, 1996년, 924쪽.
20. 「'천성산 지킴이' 지율스님, 조선일보에 '10원' 소송」, 『미디어스』, 2008년 4월 19일, http://punda.mediaus.co.kr/33.
21. 김정욱, 「영종도신국제공항건설사업: 무엇이 문제인가?」, 『대한토목학회지』, 42(1), 1994년, 93~105쪽.
22. 김운수 외, 「서울시 노후 자동차 환경성 증진방안에 관한 연구」, 서울시정개발연구원, 1999년.
23. Dasgupta, M. et. al., "Impact of Transport Policies in Five Cities," *Transport Research Laboratory*, 1994.
24. 에너지경제연구원, 「에너지 연별통계」, 2008년, http://211.35.39.27/keei/stat/statview.nsf/searchStat/
25. http://www.energy.eu/renewables/factsheets/2008_res_sheet_denmark_en.pdf
26. Viegand, J, "Implementation of Energy Efficiency Measures in Denmark towards Sustainability", 『지속 가능한 국토환경의 보전 및 개발전략을 위한 국제 세미나 논문집』, 서울대학교 환경대학원 개관기념 세미나, 2000년 5월.
27. German Wind Energy Association(BWE), "Energy Scenario 2050 : Primary Energy Consumption Covered", http://www.wind-energie.de/en/publications/slide-collection/, 2008.
28. Wang, Y. D., Byrne, J, Kim, J. W. et al., "Less Energy, a Better Economy, and a Sustainable South Korea: An Energy Efficiency Scenario Analysis," *Bulletin of Science, Technology & Society*, 22(2), 2002, pp.110~122.
29. Lloyd, A. C., "The Power Plant in Your Basement," *Scientific American*, 28(1), July, 1999, pp. 64~69.
30. 경기개발연구원, 「수도권대기오염의 사회경제적 비용분석」, 2004년.
31. 환경부, 「대통령직 인수위원회 업무보고자료」, 2003년 1월.
32. Yale Center for Environmental Law and Policy, Yale University and Center for International Earth

Science Information Network, Columbia University. "Environmental Sustainability Index", *World Economic Forum*, 2005.

33. OECD, *Environmental Data Compendium*, 2004, 2008.
34. Kim, Ji-Hyun, "Consumption Patterns as an Emerging Contributor of the Environmental Degradation in Korea: Focusing on the Generation of CO_2 and SO_2 Emissions", *Ph.D. Dissertation, Graduate School of Environmental Studies*, Seoul National University, 1999.
35. Kim, Jung Wk, "Korea, Land of Environmental Risk", *Korea Journal*, Spring, 1998, pp. 220~240.
36. 대한민국정부, 「제7차 경제개발 5개년 계획 1992~1998」, 1992년, 27쪽.
37. 김종달, 「에너지 수요관리강화를 위한 중·장기 정책방안 연구」, 『에너지경제연구원 연구보고서 94-07』, 1994년, 44쪽.
38. 건설교통부, 「수자원장기종합계획」, 2006년.
39. 홍성태, 「생태복지국가 연대를 위하여」, 『환경과 생명』 2009년 가을호, 53쪽.
40. 경제개혁연대, 2009년 10월 22일.
41. 이한호, 「건설투자 부진의 의미와 시사점」, 『SERI 경제 포커스』 제298호, 삼성경제연구소, 2010년 6월 22일.
42. 홍성태, 같은 책, 54쪽.
43. 「나라빚, 선진국 기준 땐 정부 발표치 3배」, 『한겨레』, 2010년 3월 4일.
44. 「대한민국 재정 곳간에 무슨 일이」, 『조선일보』, 2010년 4월 8일.
45. 「일본국가부채 871조 엔」, 『한국일보』, 2010년 3월 4일.
46. 「오염공화국 러시아」, 『조선일보』, 1995년 9월 13일.
47. 류점석, 「문제를 경제논리로만 풀자」, 『경향신문』, 2010년 6월 3일.
48. White, A. G., *A Global Projection of Subjective Well-being*, University of Leicester, 2007.
49. World Commission on Environment and Development, *Our Common Future*, Oxford University Press, 1987, p. 4.
50. World Bank, *Development and the Environment*, Oxford University Press, 1992.
51. United Nations, *World Population Prospects, the 1998 Revision*, New York: UN, December, 1998.
52. Brown, L., et al, *State of the World 1994 : A Worldwatch Institute Report on Progress Toward a Sustainable Society*, Norton, 1994.

* 사진의 게재를 허락해 주신 분들, 자료를 제공해 주신 분들께 감사드립니다.
  135쪽, 170쪽의 사진은 저작권자를 찾지 못했습니다.
  저작권자와 연락이 닿는 대로 정식으로 허가 절차를 밟겠습니다.

나는 반대한다
4대강 토건공사에 대한 진실 보고서

초판 1쇄 발행 2010년 8월 20일
초판 2쇄 발행 2010년 9월 6일

지은이 | 김정욱
아트디렉터 | 글씨미디어 홍동원
디자인 | 나눔문화 윤지혜
인쇄 | 예원피알
제본 | 한진제본
발행인 | 허택

발행처 | 느린걸음
등록일 | 2002년 3월 15일   등록번호 | 제 300-2009-109호
주소 | 110-872 서울시 종로구 내수동 72 경희궁의 아침 3단지 326호
전화 | 02-733-3773
팩스 | 02-734-1976
이메일 | slow-walk@slow-walk.com

ⓒ 김정욱, 2010
ISBN 978-89-91418-08-0 03330

『나는 반대한다』는 느린걸음의 철학과 원칙대로
단순하고 단단하고 단아하게 디자인하고 만들었습니다.
종이는 자연을 덜 해치면서 소박한 멋이 나는 재생지를 썼습니다.
제본은 책의 정신과 내용만큼이나 혁신적이어야 한다는 생각으로
책이 잘 펴지고 읽기에 편안한 최신 PUR방식을 채택했습니다.

나눔문화 홈페이지 www.nanum.com 에서 4대강 토건공사를 반대하는
최근 현장 소식과 온라인 서명에 동참하실 수 있습니다.